ÉLÉMENTS

DE

PHILOSOPHIE SCIENTIFIQUE

RÉPONDANT AUX PROGRAMMES
DE LA CLASSE DE PREMIÈRE-SCIENCES
DANS L'ENSEIGNEMENT MODERNE
ET DE LA CLASSE DE MATHÉMATIQUES ÉLÉMENTAIRES

Par M. H. JOLY

DOYEN HONORAIRE DE LA FACULTÉ DES LETTRES DE DIJON

PARIS

IMPRIMERIE ET LIBRAIRIE CLASSIQUES

MAISON JULES DELALAIN ET FILS

DELALAIN FRÈRES, Successeurs

56, RUE DES ÉCOLES

ÉLÉMENTS DE PHILOSOPHIE SCIENTIFIQUE

ÉLÉMENTS

DE

PHILOSOPHIE SCIENTIFIQUE

RÉPONDANT AUX PROGRAMMES
DE LA CLASSE DE PREMIÈRE - SCIENCES
DANS L'ENSEIGNEMENT MODERNE
ET DE LA CLASSE DE MATHÉMATIQUES ÉLÉMENTAIRES

Par M. H. JOLY

DOYEN HONORAIRE DE LA FACULTÉ DES LETTRES DE DIJON.

DEUXIÈME ÉDITION.

PARIS

IMPRIMERIE ET LIBRAIRIE CLASSIQUES

MAISON JULES DELALAIN ET FILS

DELALAIN FRÈRES, Successeurs

56, RUE DES ÉCOLES.

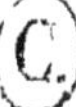

PROGRAMME

DE L'ENSEIGNEMENT SECONDAIRE MODERNE

CLASSE DE PREMIÈRE-SCIENCES

ÉLÉMENTS DE PHILOSOPHIE SCIENTIFIQUE

[Les chiffres renvoient aux pages où la question est traitée.]

La science, 2. Les sciences, 6. Classification et hiérarchie des sciences, 6-9.

Les sciences mathématiques : leur objet, leurs principales divisions, 12. Méthode : définitions, axiomes, démonstrations, 14.

Les sciences de la nature : leur objet, leurs principales divisions, leurs méthodes; l'expérience; les méthodes d'observation et d'expérimentation, 22. La classification, 59. L'hypothèse, 36. L'induction, 34. Rôle de la déduction dans les sciences de la nature, 44.

Les sciences morales : leur objet, leurs caractères propres, leurs principales divisions, 46. Méthode : l'induction et la déduction dans les sciences morales, 50.

Rôle de l'histoire dans les sciences morales; la critique historique, 54.

Exposé sommaire des principales hypothèses générales dans les différents ordres de sciences, 41.

(Le même programme est prescrit pour la *Classe de mathématiques élémentaires.*)

------ o ------

ÉLÉMENTS

DE

PHILOSOPHIE SCIENTIFIQUE

I.

La science. Les sciences. Classification et hiérarchie des sciences.

La Science.

Qu'est-ce que la *Science?* Le *Dictionnaire de l'Académie* et le *Dictionnaire de Littré* s'accordent pour en donner cette définition : « *Un ensemble, un système de connaissances* ». Connaître ce qui est, ce qui se passe dans la nature et dans notre âme, ce qui se fait dans les sociétés humaines, voilà, en effet, la première condition de la science.

Mais tout est complexe, même ce qui paraît le plus simple. D'abord, il n'est point d'objet ni de fragment si petit qui ne comprenne une multitude d'autres parties visibles ou invisibles; il n'est pas de mot de la langue qui ne résume une quantité considérable d'idées; il n'est point de corps qui ne se prête à une infinité de combinaisons. De plus, l'expérience nous apprend vite qu'il y a entre les parties de l'univers les plus éloignées des rapports incessants : de sorte qu'il n'y a, pour ainsi dire, aucune chose qu'on puisse se flatter de bien connaître, si l'on ne connaît les rapports par lesquels elle est unie à l'universalité des choses qui l'entourent. Une goutte d'eau qui tombe dans un endroit déterminé vient d'un nuage, dont la formation et les mouvements ont été accompagnés d'un nombre incalculable de phénomènes physiques, atmosphériques, etc.

C'est pourquoi la science suppose un *ensemble* de connaissances. La connaissance d'un fait isolé, de dix, quinze, vingt faits particuliers, ne compte pour rien dans la science. Pour chacun de ces faits, elle ne commence que lorsqu'on les explique en en montrant 1° les éléments, 2° les rapports.

Mais il ne suffit pas que ces connaissances réunies forment un ensemble ; il faut encore qu'elles forment un *système*, c'est-à-dire un ensemble lié et coordonné, qui exprime ou reproduise l'ordre même de la nature. Quand on a sous les yeux une maladie qui abat les forces d'un homme, trouble ou arrête ses fonctions, puis enfin le fait mourir, assurément on la connaît ; la science de cette maladie n'existe cependant que quand on sait quelles en sont les causes, les symptômes, la marche, la durée, quels sont les moyens de s'en préserver et les moyens de s'en guérir.

C'est pourquoi une science est, avant tout, un système de connaissances.

**Principaux caractères de la science.
La théorie et la pratique.**

Ainsi définie, la science est une des plus nobles occupations de l'esprit humain. L'homme seul, dans la nature, est capable d'arriver à la science. Il y a longtemps qu'Aristote l'a observé, « les animaux sont doués de sensation, et quelques-uns de mémoire ; l'homme seul a l'art et le raisonnement...., seul il a l'expérience et la science[1] ».

Ce même Aristote dit avec beaucoup de grandeur que l'homme s'honore de cultiver la science pour elle-même. « La science, écrivait-il, est indépendante de l'utilité, elle est même d'autant plus haute qu'elle est moins utile. La science qui se donne comme fin à soi-même, c'est la science souveraine,... celle qui a pour objets les principes et les causes... C'est la moins utile, et, par cela même, la plus excellente de toutes les sciences[2]. »

La civilisation moderne n'a point répudié ces nobles maximes. Elle croit que l'esprit humain n'a jamais le droit d'être aussi fier de lui-même que lorsqu'il a découvert, par une curiosité désintéressée, les principes et les causes reculées des phénomènes et des événements. Toutefois elle a mis de plus en plus en lumière les rapports étroits qui unissent le vrai et l'utile, la théorie et la pratique : de telle sorte, que quand un

---

1. *Métaphysique*, l. I. ARISTOTE (384-322 av. J. C.), le plus grand philosophe et le plus grand savant de l'antiquité, avec Platon.
2. *Ibid.*

1.

— 3 —

peuple a dans son sein des savants curieux, avides de savoir pour savoir, le reste, c'est-à-dire la puissance et la richesse, lui est donné par surcroît.

François Bacon[1] est un des premiers qui aient insisté sur cette idée, et il a mérité qu'on ne l'expliquât jamais sans répéter quelques-unes de ses maximes.

« L'homme, a-t-il écrit, interprète et ministre de la nature, n'étend ses connaissances et son action qu'à mesure qu'il découvre l'ordre naturel des choses, soit par l'observation, soit par la réflexion : il ne sait et ne peut rien de plus.

« La science et la puissance humaines se correspondent dans tous les points et vont au même but. C'est l'ignorance où nous sommes de la cause qui nous prive de l'effet : car on ne peut vaincre la nature qu'en lui obéissant, et ce qui était principe, effet ou cause dans la théorie, devient règle, but ou moyen dans la pratique[2]. »

Notre Descartes, dans son *Discours de la Méthode*, semble avoir réuni à la sublimité métaphysique d'Aristote l'esprit pratique de Bacon.

Il ne néglige aucune occasion de rappeler que, « si parmi les occupations des hommes en tant qu'hommes, il y en a quelqu'une qui soit solidement bonne et importante, c'est la recherche de la vérité[3]. » Le plaisir qu'il éprouve à découvrir quelques vérités ignorées des autres hommes, il le compare à la joie d'un chef d'armée qui vient de gagner une bataille. « Car c'est véritablement donner des batailles que de tâcher à vaincre toutes les difficultés et les erreurs qui nous empêchent de parvenir à la connaissance de la vérité, et c'est en perdre une que de recevoir quelque fausse opinion touchant une matière un peu générale et importante[4]. »

Mais il ne s'arrête pas là, et, par delà cette jouissance contemplative, il voit non seulement le plaisir, mais le devoir de rendre service à l'humanité. Or, on ne peut lui être utile, l'aider et la réformer que par la science. « Si tôt, dit-il, que j'ai eu acquis quelques notions générales touchant la physique, et que,

1. F. Bacon (1550-1626), Anglais, un des premiers représentants de l'esprit moderne.
2. F. Bacon, *Novum Organum*, I, 1.
3. Descartes, *Discours de la Méthode*, I.
4. *Ibid.*, VI.

commençant à les éprouver en diverses difficultés particulières, j'ai remarqué jusqu'où elles peuvent conduire, j'ai cru que je ne pouvais les tenir cachées sans pécher grandement contre la loi qui nous oblige à procurer autant qu'il est en nous le bien général de tous les hommes : car elles m'ont fait voir qu'il est possible de parvenir à des connaissances qui soient fort utiles à la vie, et qu'au lieu de cette philosophie spéculative qu'on enseigne dans les écoles, on en peut trouver une pratique, par laquelle, connaissant la force et les actions du feu, de l'eau, de l'air, des astres, des cieux et de tous les autres corps qui nous environnent, aussi distinctement que nous connaissons les divers métiers de nos artisans, nous les pourrions employer en même façon à tous les usages auxquels ils sont propres, et ainsi nous rendre comme maîtres et possesseurs de la nature[1]. »

Ainsi à l'idée de la science pure, Descartes ne se contente pas de mêler cette autre idée d'utilité pratique que Bacon mettait en lumière. Il y ajoute encore cette idée d'une force civilisatrice et bienfaisante que le sentiment de nos devoirs envers l'humanité nous oblige à dégager incessamment des inventions et des découvertes de la science. C'est là, on peut le dire, une habitude éminemment française ; et, puisque nous citons les témoignages des grands savants, méditons encore ce beau passage de notre contemporain Claude Bernard.

« La civilisation moderne, en conquérant par la science la nature inorganique et la nature organisée, se trouve placée dans des conditions nouvelles entièrement inconnues aux civilisations antiques... L'humanité semble avoir compris aujourd'hui que son but est non plus la contemplation passive, mais le progrès et l'action. Ces idées pénètrent de plus en plus profondément dans les sociétés, et le rôle actif des sciences expérimentales ne s'arrête pas aux sciences physico-chimiques et physiologiques ; il s'étend jusqu'aux sciences historiques et morales. On a compris qu'il ne suffit pas de rester spectateur inerte du bien et du mal en jouissant de l'un et en se préservant de l'autre. La morale moderne aspire à un rôle plus grand : elle recherche les causes, veut les expliquer et agit sur elles ; elle veut, en un mot, dominer le bien et le mal, faire

1. Descartes, *Discours de la Méthode*, VI.

naître l'un et le développer, lutter avec l'autre pour l'extirper et le détruire... C'est une tendance générale, et le souffle scientifique moderne est éminemment conquérant et dominateur [1]. »

Nous conclurons maintenant en rappelant que la science théorique et la science pratique peuvent être difficilement séparées. Les découvertes en apparence les plus éloignées de toute considération d'utilité sont presque toujours celles qui tout d'un coup font jaillir de leurs principes les applications industrielles les plus fécondes. Lorsque Galvani disséquait des grenouilles pour en étudier le système nerveux, il ne se doutait guère que la pile, avec ses innombrables usages, sortirait bientôt de l'étude des faits qu'il était le premier à signaler. S'il est une question qui, ce semble, eût dû être rangée parmi les problèmes métaphysiques, c'était bien celle de la génération spontanée. Chercher à savoir si les êtres vivants sortent tous nécessairement d'êtres semblables à eux, n'est-ce pas là une difficulté de pure philosophie, ou tout au moins relative à la philosophie des sciences dans ce qu'elle a de plus spéculatif et de plus désintéressé? Eh bien! c'est en cherchant à la résoudre que M. Pasteur a trouvé dans des corpuscules organisés, appelés depuis « microbes », les agents d'une multitude de phénomènes biologiques : c'est par eux qu'il a pu donner une explication nouvelle des fermentations, puis une explication des maladies de la bière et des vins, puis une explication de certaines maladies mystérieuses des vers à soie, des bœufs, des poules, des porcs, et enfin de beaucoup de nos propres maladies, qu'il nous enseigne à prévenir ou à guérir. Ainsi encore, comme l'a écrit Condorcet, « le matelot qu'une exacte observation de la longitude préserve du naufrage, doit la vie à une théorie conçue, deux mille ans auparavant, par des hommes de génie qui avaient en vue de simples spéculations géométriques ».

D'où vient cette union de la science théorique et de la puissance industrielle ou pratique? Bacon l'a dit : de ce que nous ne pouvons rien qu'en nous servant des forces mêmes de la nature. Or, ces forces, il importe, avant tout, de les connaître, et il faut se souvenir qu'il n'est pas de phénomène si petit, si insignifiant,

---

1. Cl. Bernard, *le Problème de la Physiologie générale*, fragment inséré dans le volume: *la Science expérimentale.*

si caché, dans la production duquel on ne puisse retrouver la plupart des lois qui gouvernent l'univers, et qui, dégagées, mises en présence, éloignées ou rapprochées les unes des autres par notre intervention savante, seraient capables de changer la face apparente du monde.

Classification des sciences.

L'intelligence humaine est une, puisque, au moyen de quelques efforts, tous les hommes peuvent arriver à s'entendre les uns les autres. L'univers aussi est un, et les lois de la matière sont les mêmes partout. Enfin la raison humaine et la raison qui gouverne les choses s'accordent, puisque la première découvre la seconde, et qu'il suffit que nos raisonnements soient conformes aux exigences de notre propre entendement pour qu'ils puissent prévoir avec sûreté dans un lointain avenir certains effets des lois physiques. Il n'y a donc au fond qu'une raison, et il n'y a qu'une science, et, comme dit Condillac, « si nous connaissons des vérités qui nous paraissent détachées les unes des autres, c'est que nous ignorons le lien qui les réunit dans un tout[1] ».

Mais si nous pouvons affirmer cette unité, la voyons-nous, sommes-nous capables de la suivre partout et de l'embrasser dans son ensemble? Hélas! non. Les lois de la nature sont comme une inscription dont nous déchiffrons çà et là quelques parties, ou, comme s'exprime d'Alembert[2] dans son *Discours préliminaire de l'Encyclopédie*, « l'univers n'est qu'un vaste Océan sur la surface duquel nous apercevons quelques îles plus ou moins grandes, dont la liaison avec le continent nous est cachée ». C'est pourquoi, malgré l'unité certaine de la nature et l'unité non moins évidente de la raison, nos connaissances se divisent en un certain nombre de *Sciences* distinctes. Chaque fois que de grands progrès ont été réalisés par l'esprit humain, l'on s'est efforcé de *classer* ces différentes sciences, c'est-à-dire de les distinguer et de les rapprocher tout à la fois en en trouvant les liens, les rapports mutuels, et en les distribuant dans un certain ordre.

1. Condillac, *Art de raisonner*, *Introduction*.
2. D'Alembert, mathématicien et philosophe (1717-1783).

L'un des premiers efforts, et l'un des plus brillants, est celui de Bacon.

Bacon divise toutes les connaissances humaines en trois branches, l'*Histoire*, la *Poésie*, la *Philosophie*, correspondant aux trois facultés qu'il reconnaît à l'âme humaine. « L'histoire dit-il, se rapporte à la *mémoire*; la poésie, à *l'imagination*; et la philosophie, à la *raison*. »

Il subdivise ensuite chacune de ces branches. L'Histoire comprend pour lui l'*Histoire naturelle*, l'*Histoire civile* (ou ce que nous appelons aujourd'hui l'*histoire* proprement dite), l'*Histoire littéraire* (dont il est le premier à donner l'idée).

Il divise la Philosophie en *Science de Dieu, Science de la Nature, Science de l'Homme;* et chacune de ces subdivisions est, à son tour, partagée en branches particulières. Ainsi, la science de la nature comprend pour lui une partie *théorique* et une partie *pratique*. La partie théorique se divise en physique *spéciale* et physique *métaphysique*, etc.

Cette classification, très riche d'idées pour l'époque, mais très confuse, reposait sur une idée peu exacte, sur l'idée que la mémoire, l'imagination et la raison sont des facultés qui agissent séparément. Or, en réalité, nous avons toujours besoin de recueillir des faits : faits sensibles ou externes, faits psychologiques ou internes, et de les recueillir dans notre mémoire : se rappeler ou se souvenir, c'est partout le premier degré de la science; partout nous avons besoin de notre imagination pour nous représenter ce qui ne se voit pas, pour construire des ensembles harmonieux, régulièrement ordonnés, pour suivre avec notre pensée les combinaisons de lignes idéales et les mouvements des forces naturelles; partout, enfin, nous avons besoin de la raison pour gouverner ces combinaisons de faits, pour surveiller ces constructions et exiger de nous-mêmes un ordre de plus en plus rigoureux, mais aussi de plus en plus beau.

La classification de Bacon était donc factice, et néanmoins on eut beaucoup de peine à lui en substituer une autre. D'Alembert, dans son *Discours préliminaire de l'Encyclopédie*, l'adopte en très grande partie, mais fait judicieusement observer qu'il y aura toujours beaucoup d'arbitraire dans de semblables divisions. Il ne conseille donc pas de s'y arrêter longuement. « Nous ne voulons point, dit-il, ressembler à cette foule de naturalistes qui, occupés sans cesse à diviser les productions de la nature en genres et en espèces, ont consumé dans ce travail un temps qu'ils auraient beaucoup mieux employé à l'étude de ces productions mêmes. Que dirait-on d'un architecte qui, ayant à élever un édifice immense, passerait toute sa vie à en tracer le plan...? »

C'est là cependant un travail auquel l'illustre physicien Ampère[1] se livra, dit-on, pendant sept années. Son *Essai sur la Philosophie des Sciences* nous donne une classification nouvelle, beaucoup trop compliquée dans ses détails, beaucoup trop remplie de mots nouveaux, que l'usage n'a point adoptés. Elle a cependant le double mérite d'être fondée sur une idée très simple, la distinction des sciences par la nature de leurs objets, et de donner une première division facile à comprendre.

Ampère distingue d'abord deux grands règnes : celui des sciences *cosmologiques* ou sciences du monde (κόσμος) extérieur et de tous les êtres qui composent l'univers sensible, puis le règne des sciences *noologiques*, sciences du monde intérieur ou de la pensée (νοῦς).

Si l'on prend cette division pour point de départ, on peut ensuite distinguer : 1° les sciences qui étudient les objets de l'un ou de l'autre règne au point de vue de leurs qualités *abstraites*, indépendamment de ce que l'observation et l'expérience nous y font trouver ; 2° les sciences qui étudient des *objets concrets*, c'est-à-dire pris dans leur réalité actuelle, avec l'ensemble de leurs propriétés sensibles et considérées dans les rapports positifs qu'ils ont les uns avec les autres.

Les principales sciences abstraites seront :

Dans le règne cosmologique, les mathématiques, c'est-à-dire l'arithmétique, l'algèbre, la géométrie, la mécanique rationnelle ;

Dans le règne noologique, la métaphysique, la logique, la morale, le droit.

Les principales sciences concrètes sont :

Dans le règne cosmologique, l'astronomie descriptive, la mécanique expérimentale, la physique, la chimie, l'histoire naturelle, la physiologie, la médecine ;

Dans le règne noologique, la psychologie, l'anthropologie,

---

1. AMPÈRE (1775-1836), physicien et philosophe.

la science sociale ou sociologie, l'économie politique, l'histoire[1].

Telle est la division généralement adoptée en ce moment; très souvent on la modifie, dans la forme, en désignant les deux groupes des sciences abstraites et des sciences concrètes par la méthode qui leur est propre. On appelle les premières *sciences de raisonnement*, et les secondes *sciences d'observation* ou *sciences expérimentales*. Souvent aussi on désigne sous le nom de *sciences morales* celles qu'Ampère appelait *noologiques*. C'est une expression plus simple, et qui, en définitive, signifie la même chose. Le fond de la classification que nous venons d'esquisser subsiste donc.

Hiérarchie des sciences.

C'est avec des vues philosophiques discutables, mais très importantes, que l'école positiviste a essayé de marquer la *hiérarchie* des sciences. Une hiérarchie est un ordre fondé sur la subordination. Il y a donc une subordination de certaines sciences à d'autres sciences? Oui, répondent les représentants de cette école, Auguste Comte[2], Littré. « Une science, dit ce dernier, est subordonnée à une autre, quand elle n'a pu prendre naissance et se constituer sans les notions et les secours que cette autre lui fournit. Ainsi, l'astronomie et la chimie ne peuvent naître et se constituer sans les mathématiques, la chimie sans la physique, la biologie sans la chimie. » Littré ajoute, enfin : « La sociologie ou science des lois qui président à l'organisation des sociétés n'est pas possible sans la biologie ou science des êtres organisés et vivants en général, parce que la société est un organisme qui s'entretient, qui a des relations, qui évolue, comme les organismes individuels, mais avec une complexité plus grande encore. »

On a objecté à cette idée que les sciences ne se développent pas successivement, et qu'il n'y a pas de filiation de l'une à l'autre; mais qu'elles se développent simultanément, chacune d'elles ayant besoin du concours de toutes les autres.

1. La *philosophie* n'est, dans cette classification, que la réunion de différentes sciences, dont les principales sont la métaphysique d'un côté, la psychologie, la logique et la morale de l'autre.
2. Auguste Comte (1798-1857), mathématicien et philosophe.

On peut répondre à cette objection qu'en effet l'esprit humain ne suit pas toujours dans ses travaux l'ordre logique, ou du moins qu'il est très loin d'aller régulièrement du simple au composé. Ainsi, la chimie a essayé de se développer (sous le nom d'*alchimie*) avant que les grands savants de la Renaissance eussent créé la physique. Mais l'ordre logique est distinct de l'ordre chronologique ou historique. Notre intelligence est naturellement ambitieuse et impatiente : c'est pourquoi elle commence presque toujours par beaucoup embrasser ; c'est peu à peu qu'elle se restreint avant de s'étendre de nouveau, qu'elle simplifie et qu'elle met l'ordre à la place de la confusion. Or, au point de vue logique, il est certain qu'on peut faire des mathématiques sans le secours de la physique, tandis qu'on ne peut pas faire de physique sans le secours des mathématiques. On n'a pas attendu que la chimie fût fondée pour étudier les êtres vivants : l'histoire des animaux d'Aristote a précédé de beaucoup toutes les recherches chimiques. Mais depuis que la chimie est une science positive, on s'est aperçu qu'il fallait remanier de fond en comble la science de la vie, et modifier l'ordre même des recherches qu'elle embrasse, parce qu'il n'est pas un fait biologique qui ne soit comme un un développement et un groupement, autrement dit une organisation de faits élémentaires, dont la physique et la chimie peuvent donner préalablement la connaissance.

C'est encore une observation profonde de Littré, que chacune de ces sciences est constituée par une sorte de *résidu* que la science inférieure laisse et n'explique pas. Ainsi, quand la physique a épuisé les propriétés qu'elle étudie (pesanteur, chaleur, lumière, électricité.....), elle peut apercevoir au delà les propriétés d'affinité moléculaire. Voilà ce qui reste à expliquer, voilà le « résidu » ; là sont les matériaux qui doivent servir à la constitution d'une science nouvelle, qui est la chimie. « Même jugement pour la biologie : la chimie achève de s'instituer, et alors apparaissent dans leur inexplicabilité les phénomènes vitaux ; ils sont le résidu de la chimie, comme la chimie elle-même était le résidu de la physique. A ce point, la biologie se constitue[1]. » En effet, il faut expliquer l'action spontanée, l'unité, la force évolutive, la direction, la fécon-

---

1. Littré, *Auguste Comte et la Philosophie positive*, p. 304.

dité de ces touts vivants; et la physique et la chimie n'expliquent que les phénomènes élémentaires qui sont comme la matière de la vie.

Nous compléterons, quant à nous, cet exposé, en disant : Si la biologie laisse un résidu que la science sociale doit expliquer par les idées de progrès et de finalité, c'est-à-dire de direction intelligente, ces dernières considérations veulent, à leur tour, être éclaircies par la science de l'âme humaine. Mais quand la psychologie a épuisé toutes les démarches de l'intelligence et toutes les inclinations de la sensibilité, il reste encore à méditer sur l'idéal supérieur, sur la cause première à laquelle tout est suspendu, c'est-à-dire Dieu. Toutes les sciences positives réunies laisseront toujours, comme dit Littré, un *résidu* qui est la raison d'être de la philosophie proprement dite.

En résumé, nous pouvons établir ainsi la hiérarchie des principales sciences :

Sciences mathématiques.	Arithmétique. Algèbre. Géométrie. Mécanique rationnelle.
Sciences de la nature.	Physique. Chimie. Biologie ou Physiologie. Sciences naturelles (Zoologie, Botanique, Géologie).
Sciences morales.	Sciences sociales. (Droit naturel, Politique, Économie politique.) Philosophie (ou science de l'âme humaine et de Dieu).

C'est la première qui porte sur les objets les plus simples : car quoi de plus simple que les idées abstraites de quantité, de nombre, d'étendue, de ligne et de mouvement? A mesure qu'on remonte de science en science, on embrasse plus complètement la réalité des choses : car on n'étudie pas seulement de nouvelles propriétés et des ensembles plus complexes de propriétés associées les unes aux autres : on s'attache surtout à expliquer les formes, les lois, les fins, les principes et les causes de ces ensembles, partout ordonnés, partout harmonieux.

II.

**Les sciences mathématiques : leur objet, leurs principales
divisions. Méthode : définitions, axiomes, démonstrations.**

Objet des sciences mathématiques.

Les sciences mathématiques sont celles qui ont pour objet
les nombres, les figures et les mouvements. Telle est la définition de Littré.

Mais on peut simplifier cette définition en disant, avec
Auguste Comte, que ce sont *« les sciences ayant pour but la
mesure des grandeurs »* ou quantités. En effet, que l'on compte,
que l'on pèse, que l'on mesure des figures ou des mouvements, des surfaces, des volumes, des vitesses, des temps, des
forces, etc., on rapporte toujours des quantités à une unité
qu'elles répètent. Les mathématiques laissent de côté toutes
les propriétés des choses, elles en font complètement abstrac-
tion : elles n'envisagent, encore une fois, que la grandeur ou
quantité.

Mais « la mesure directe d'une grandeur, par superposition
ou par quelque autre procédé semblable, est le plus souvent
pour nous une opération tout à fait impossible..... Renonçant,
dans presque tous les cas, à la mesure immédiate des grandeurs, l'esprit humain a dû chercher à les déterminer indirectement, et c'est ainsi qu'il a été conduit à la création des
mathématiques.

« La méthode qu'on emploie constamment, la seule évidemment qu'on puisse concevoir pour connaître des grandeurs qui
ne comportent point une mesure directe, consiste à les rattacher à d'autres qui soient susceptibles d'être déterminées
immédiatement, et d'après lesquelles on parvient à découvrir
les premières, au moyen des relations qui existent entre les
unes et les autres. Tel est l'objet précis de la science mathématique, envisagée dans son ensemble [1]. »

Ainsi on déterminera indirectement la profondeur d'un pré-

---

1. Aug. Comte, *Cours de Philosophie positive,* Tome I,
iii° leçon.

cipice en mesurant le temps qu'emploiera un corps à tomber jusqu'au fond. Ou bien encore, s'il s'agit de déterminer une distance qui n'est point mesurable directement, on la concevra comme faisant partie d'une *figure* ou d'un système de lignes choisi de telle manière que tous les autres éléments puissent être immédiatement observés. « Par exemple, dans le cas le plus simple, et auquel tous les autres peuvent se réduire finalement, on considérera la distance proposée comme appartenant à un triangle dans lequel on pourrait déterminer directement, soit un autre côté et deux angles, soit deux côtés et un seul angle. Dès lors, la connaissance de la distance cherchée, au lieu d'être obtenue immédiatement, sera le résultat d'un travail mathématique, qui consistera à la déduire des éléments observés, d'après la relation qui la lie avec eux. » Le travail pourra devenir plus compliqué; le principe sera toujours le même : *déterminer les grandeurs les unes par les autres, d'après les relations précises qui existent entre elles.*

C'est ainsi que « l'homme a pu parvenir à connaître, non seulement la distance des astres à la terre, et, par suite, entre eux, mais leur grandeur effective, leur véritable figure, jusqu'aux inégalités de leur surface, et, ce qui semble se dérober bien plus encore à nos moyens d'investigation, leurs masses respectives, leurs densités moyennes, les circonstances principales de la chute des corps pesants à la surface de chacun d'eux, etc. »

Principales divisions des sciences mathématiques.

Les sciences mathématiques se subdivisent en un certain nombre de sciences :

1° L'*arithmétique* ou science des nombres, de leurs rapports et de leurs combinaisons ;

2° L'*algèbre* ou science des grandeurs considérées d'une manière générale et exprimées par des signes généraux. On peut dire encore que l'objet précis de cette science est la résolution des équations, c'est-à-dire la découverte du mode de formation des quantités inconnues par les quantités connues, d'après les *équations* ou égalités qui existent entre elles;

3° La *géométrie* ou science qui a pour objet la mesure des

différentes formes de l'étendue, c'est-à-dire la mesure des
lignes, des surfaces et des volumes ;

4º La *mécanique rationnelle*, qui analyse, avec le secours des
autres sciences mathématiques, l'action des forces motrices,
les lois de l'équilibre et du mouvement. Il y a cette différence
entre la géométrie et la mécanique, que la géométrie ne considère dans le mouvement que l'espace parcouru, au lieu que
dans la mécanique on a égard de plus au temps que le mobile
emploie à parcourir cet espace.

Certaines sciences plus élevées, comme l'analyse, le calcul
différentiel, le calcul intégral, le calcul infinitésimal, peuvent être considérées comme des développements et des formes
de l'algèbre.

Méthode des sciences mathématiques. Définitions.

En toute espèce de science, il faut d'abord savoir qu'est-ce
que l'on étudie, et déterminer le plus exactement que l'on
peut l'objet sur lequel on fait porter ses recherches.

Cette détermination est encore plus nécessaire en mathématiques que partout ailleurs : elle s'y fait aussi d'une manière plus rigoureuse, et, enfin, elle y a plus d'importance
et de fécondité. C'est là ce que nous devons expliquer avant
tout.

Les calculs mathématiques portent-ils sur des étendues
concrètes et réelles ? Assurément nous mesurons les choses
réelles : nous mesurons un champ, un territoire, nous mesurons la terre et la distance des astres à la terre, etc. ; mais
nous ne mesurons tout cela qu'en y découpant, pour ainsi
dire, des figures conçues par notre esprit : ainsi on lève le
plan d'un terrain en le divisant en un certain nombre de
triangles. Or, ces triangles, comme toutes les autres figures
de la géométrie, ne sont pas de pures formes expérimentales.
Nous avons bien pu emprunter à l'expérience et à la vue des
objets qui nous entourent la première idée de quelques-unes
de ces figures. La lune dans son plein nous donne l'idée d'un
cercle ; la flamme nous donne l'idée de la pyramide ; les corps
vivants dessinent des courbes diverses dans leurs membres,
et ainsi de suite. Il n'en est pas moins vrai que les figures
géométriques sont des abstractions, et, comme telles, elles

sont : 1° plus nombreuses; 2° plus parfaites que les figures réalisées par les corps de la nature.

Elles sont plus parfaites : car le cercle que nous concevons, par exemple, est une figure qui a des rayons *absolument* égaux, et nulle part on ne trouvera, dans la nature, de sphère qui soit telle. L'égalité parfaite absolue n'existe pas dans la réalité. La même remarque peut s'appliquer à toutes les figures : elle peut s'appliquer aussi aux nombres et enfin à toutes les conceptions mathématiques.

Elles sont aussi plus nombreuses. En effet, qui a jamais pu espérer qu'il trouverait dans la nature un polygone régulier de mille côtés ? Et cependant la géométrie raisonne à chaque instant sur de semblables conceptions ; elle raisonne même sur des éléments qu'elle suppose en nombre infini. On peut donc dire de toutes les sciences mathématiques ce qu'Auguste Comte dit de la géométrie : « La géométrie, dit-il, est évidemment susceptible par sa nature d'une extension rigoureusement indéfinie : car la mesure des lignes, des surfaces ou des volumes présente nécessairement autant de portions distinctes que l'on peut concevoir de formes différentes, assujetties à des définitions exactes, et le nombre en est évidemment infini [1]. »

Mais reprenons ces derniers mots : *assujetties à des définitions exactes*, et voyons-en la portée. Ces formes idéales de la géométrie, comme ces nombres abstraits de l'arithmétique, sont, on l'a très bien dit, des *constructions* de l'esprit. L'esprit prend quelques éléments fournis par l'expérience, il les décompose, et, avec les fragments qu'il en obtient (l'unité, le point), il invente une infinité de combinaisons, de même qu'avec les vingt-quatre lettres de l'alphabet on compose des langues et des idiomes, qu'on enrichit tous les jours de mots nouveaux. Mais une construction, pour être quelque chose de net, de perceptible, d'intelligible, ou, plus simplement, pour être quelque chose, a besoin d'être circonscrite, délimitée, déterminée : dire qu'elle a besoin d'être *définie*, c'est dire la même chose.

En effet, les mathématiciens ont établi aisément les propositions suivantes :

1° La mesure des grandeurs dépend de la connaissance des

1. Ouvrage cité.

diverses propriétés de ces grandeurs : la mesure des figures géométriques suppose que l'on connaît les propriétés des formes diverses qu'on y trouve.

2° La connaissance de ces propriétés suppose qu'on a *défini* chacune de ces formes. Les propriétés d'une chose quelconque dépendent de sa nature, du nombre, des proportions, du mode de combinaison des éléments qui s'y rencontrent. Les propriétés d'un nombre dépendent de la nature ou des caractères de ce nombre, c'est-à-dire de la manière dont il est construit, par une certaine répétition de l'unité avec elle-même. Les propriétés d'une figure dépendent de la nature et de la construction de cette figure ou de la façon dont elle est engendrée par le mouvement idéal d'un point ou d'une ligne dans l'espace. Définir une quantité mathématique, c'est donc expliquer comment elle se construit et s'engendre. Cette explication en détermine les propriétés fondamentales, celles dont la connaissance contient le secret de toutes les autres.

Ainsi, le mouvement d'un point assujetti à une certaine loi donnera une ligne courbe. Autant on imaginera de lois différentes pour ce mouvement, autant on aura de courbes différentes. *Expliquer le mode de génération d'une de ces courbes, c'est la définir*, et la définition qu'on en donne en résume les propriétés caractéristiques. « Si un point se meut de manière à rester constamment à la même distance d'un point fixe, il engendrera un cercle; si c'est la somme ou la différence de ses distances à deux points fixes qui demeure constante, la courbe décrite sera une ellipse ou une hyperbole ; si c'est leur produit, on aura une courbe toute différente ; si le point s'écarte toujours d'un point fixe et d'une droite fixe, il décrira une parabole ; s'il tourne sur un cercle en même temps que ce cercle roule sur une ligne droite, on aura une cycloïde, etc., etc. Chacune de ces diverses courbes peut ensuite en fournir de nouvelles, par les différentes constructions que les géomètres ont imaginées..... Relativement aux surfaces, engendrées par les mouvements des lignes, les formes en sont nécessairement bien plus diverses encore..... »

On voit par là quelle est la différence qui existe entre les définitions mathématiques et les définitions dont on fait usage dans les sciences de la nature. Dans ces dernières, nous prenons l'objet tel que la nature nous le donne, avec la complexité de ses éléments, dont beaucoup nous demeurent plus ou moins cachés, et dont quelques-uns peuvent varier. Qu'est-ce que la nature a mis dans cet être? de quels éléments l'a-t-elle formé? comment ces éléments se gouvernent-ils l'un à l'égard de l'autre, et comment se modifient les rapports qui les unissent? Voilà bien des difficultés qui doivent être résolues avant de pouvoir donner de bonnes définitions. C'est pourquoi tous les moralistes ne donnent pas les mêmes définitions de la justice, de la vertu, du mérite, de la responsabilité; tous les économistes ne donnent pas les mêmes définitions de la valeur, du capital, et les jurisconsultes ont encore de la peine à définir exactement ce que c'est qu'un crime ou qu'un délit. Mais les formes mathématiques, au contraire, sont des constructions que l'intelligence humaine opère avec des éléments abstraits par elle-même, et qui sont d'une simplicité parfaite. C'est pourquoi les définitions mathématiques peuvent être d'une rigueur et d'une exactitude absolues : ce qui les rend par là même immuables et universelles.

Malgré ces différences, toute définition aspire à résumer l'essence de ce qu'elle définit, *en convenant à tout le défini et au seul défini*, en le désignant tout entier, et en ne désignant que lui seul.

Pour embrasser une plus grande quantité de caractères, la définition commence par rattacher l'objet défini à tout un groupe connu, dont le nom seul éveille dans l'esprit l'idée d'un grand nombre de propriétés; puis elle distingue l'objet défini de tous ceux dont elle a commencé par le rapprocher. Après avoir dit que le losange est un quadrilatère, on achève de le définir en ajoutant : qui a tous ses côtés égaux, pour le distinguer, par exemple, du parallélogramme, qui est aussi un quadrilatère; et, après avoir dit que le carré est un rectangle, on achèvera la définition en ajoutant : qui a ses côtés égaux.

Axiomes.

On entend généralement par *axiome* une proposition *évidente de soi et qui n'a pas besoin d'être démontrée.*

La plupart des logiciens distinguent cependant des axiomes les principes universels qui dirigent tous les actes de la pensée, et dont l'ensemble forme ce que nous appelons la *raison*. C'est ainsi qu'on pose le *principe de contradiction* (il est impossible d'affirmer en même temps qu'une chose est et qu'elle n'est pas) ou le *principe de causalité*. Ces principes dominent toutes les sciences et tous les efforts de notre pensée, dans quelque ordre que ce soit.

Un axiome est une application particulière du principe de contradiction à un ordre particulier de conceptions : car un axiome est une proposition qui n'est évidente que parce que le contraire impliquerait une contradiction sautant aux yeux immédiatement.

Il est naturel que l'esprit humain, quand il entreprend l'étude d'un objet quelconque, commence par poser les vérités les plus incontestables qui résultent de la seule idée de l'objet en question. Toutes les propositions qui contredisent un axiome seront rejetées par cela même ; toutes celles qui sont identiques seront acceptées.

Chaque science a ses axiomes, qui sont des propositions évidentes portant sur l'objet propre de cette science. Les axiomes mathématiques les plus connus sont :

Deux quantités égales à une troisième sont égales entre elles. — Deux quantités augmentées ou diminuées de quantités égales restent égales. — Le tout est égal à la somme de ses parties. — Beaucoup de mathématiciens donnent encore comme axiomes des propositions portant sur des grandeurs ou quantités plus déterminées. Ainsi : la ligne droite est le plus court chemin d'un point à un autre. Si l'on ne veut pas multiplier les subdivisions, il semble qu'on peut considérer comme un axiome une proposition si évidente, et dont la portée est encore très générale, puisqu'elle s'applique à toutes les lignes droites. Peut-être, cependant, serait-il plus exact de voir là une simple définition.

Il ne faut confondre avec les axiomes ni les maximes de bon sens, résultats d'expériences accumulées, ni les lois naturelles découvertes par l'observation et le calcul.

Démonstration.

Démontrer une chose, c'est l'*établir par un raisonnement qui ne laisse place à aucun doute. Une démonstration est donc un raisonnement qui aboutit à une vérité rendue évidente.*

2

Bien qu'on prenne souvent les deux mots l'un pour l'autre, il faut cependant distinguer l'acte de *démontrer* et celui de *prouver*. Une preuve peut être fournie directement par un fait ; on ne démontre que par un rai-onnement. On prouve sa reconnaissance par un service ; on prouve la culpabilité d'un voleur en retrouvant sur lui l'objet qu'il a dérobé. On démontre à quelqu'un quel est son devoir ; on démontre la culpabilité d'un homme en établissant que lui seul a pu commettre l'acte qu'on lui reproche.

Ce n'est pas à dire que la démonstration ne recoure pas, dans des sciences très importantes, à une suite de faits qu'elle observe, qu'elle reproduit, qu'elle enchaîne. Remarquons qu'il y a toujours là un raisonnement : car grouper un certain nombre de faits et faire voir le lien qui les unit à certaines circonstances est aussi un mode de raisonnement, le raisonnement inductif : nous aurons à en parler plus loin. Mais il s'agit ici de la démonstration mathématique. Elle consiste à faire voir que *telles vérités particulières sont les conséquences nécessaires de vérités plus générales évidentes par elles-mêmes ou antérieurement démontrées.* Et pourquoi une vérité est-elle la conséquence nécessaire d'une autre ? Parce qu'elle lui est équivalente, et que nier la seconde serait nier la première ou se mettre en contradiction avec soi-même.

Il est clair qu'on ne peut remonter indéfiniment de démonstration en démonstration, et qu'il faut toujours arriver à des points de départ au delà desquels il n'y a rien de plus à chercher, c'est-à-dire à des principes qui, servant à démontrer le reste, n'ont pas besoin d'être démontrés eux-mêmes. Ces points de départ sont précisément les axiomes et les définitions.

De quoi s'agit-il dans la démonstration mathématique ? De mettre au jour telle ou telle propriété d'une grandeur donnée. Or, quelquefois cette propriété ressort immédiatement de la définition. Ainsi, l'égalité de tous les rayons est une conséquence immédiate de la définition même de la circonférence. Mais les grandeurs se compliquent par la combinaison de grandeurs élémentaires, et les propriétés se compliquent d'autant. Démontrer les propriétés diverses d'une figure sera donc le plus souvent rappeler l'une après l'autre les propriétés des lignes (droites, obliques, parallèles), les propriétés des angles, des triangles, des rectangles, des carrés..... qui la composent, ou dont l'ensemble peut être considéré comme équivalant à la grandeur qu'on étudie. Souvent cette équivalence n'apparaît pas : c'est à l'esprit de la trouver en décomposant, par exemple, soit un rectangle en carrés, soit un carré en rectangles, ou en réduisant une figure curviligne à un carré équivalent en surface, etc. L'artifice de la démonstration mathématique consiste donc à trouver dans la décomposition imaginaire d'une quantité des grandeurs élémentaires plus aisées à déterminer. Ces éléments forment une série d'intermédiaires qui permettent d'établir un lien nécessaire entre le connu et l'inconnu, entre ce qui est acquis ou donné et ce que l'on cherche.

Toutes les fois que l'on touche à une proposition simple, évidente, et au delà de laquelle il n'y a pas lieu de remonter, on a l'équivalent d'un axiome ; mais il faut que cet équivalent soit une proposition qui concerne une grandeur déterminée, sans quoi l'on n'aurait rien d'instructif, rien d'utile et de pratique. « Il ne sert de rien, dit Leibniz, de ruminer les axiomes, si l'on n'a de quoi les appliquer[1]. » Nous savons que deux quantités égales à une troisième sont égales entre elles. Pour que cette certitude nous serve à quelque chose, il s'agit de trouver si telle quantité A et telle quantité B sont égales à telle quantité C. Qu'est-ce qui permet de le découvrir ? C'est la définition de chacune de ces quantités : car c'est justement de ces définitions que nous pouvons, en fixant les caractères respectifs de chacune d'elles, dégager les égalités que nous cherchons. C'est encore un axiome que le tout est égal à la somme de ses parties ; mais il s'agit là d'un tout quel qu'il soit, d'un tout absolument indéterminé. Eh bien ! la définition de la circonférence nous permettra de faire une application précise de cet axiome en établissant que les diamètres sont égaux, tout diamètre étant le double du rayon. Cette dernière proposition servira à en démontrer une autre, qui pourra se combiner avec une troisième et une quatrième, et ainsi de suite à l'infini.

1. Leibniz, *Nouveaux Essais sur l'Entendement humain*, IV, 12. Leibniz (1646-1716), philosophe et savant allemand.

Différentes espèces de démonstrations.

Parmi les différents procédés de démonstration mathématique il faut distinguer la démonstration *directe*, qui comprend la démonstration *ascendante* ou *analytique* et la démonstration *descendante* ou *synthétique*; puis la démonstration *indirecte* par réduction à l'absurde.

Les deux modes de démonstration directe ont été expliqués par un géomètre grec, Pappus, de la façon la plus claire. « L'analyse, disait-il, est le chemin qui, partant de la chose demandée, que l'on accorde pour le moment, mène par une suite de conséquences à quelque chose de connu antérieurement et mis au nombre des principes reconnus pour vrais : cette méthode nous fait donc *remonter* d'une vérité ou d'une proposition à ses antécédents, et nous la nommons *analyse* ou *résolution*, c'est-à-dire *solution en sens inverse*. Dans la *synthèse*, au contraire, nous partons de la proposition qui se trouve la dernière dans l'analyse : déduisant ensuite d'après leur nature les antécédents qui plus haut se présentaient comme des conséquents, et les combinant entre eux, nous arrivons au but cherché, dont nous étions partis dans le premier cas. »

On voit ce qu'il y de commun à ces deux procédés. L'un et l'autre s'appliquent également à établir, par une série d'intermédiaires, le rapport de la proposition qu'il s'agit de démontrer avec celle qui est déjà connue pour vraie. Mais, dans un cas, on part de ce qui sert à démontrer; dans l'autre cas, on le cherche et on y arrive. Dans le premier cas, on décompose la difficulté (on l'analyse), pour trouver les propositions plus simples qu'elle enveloppe. Dans le second, on pose une proposition simple et évidente (*synthèse* veut dire *composition* ou *addition*), on en ajoute une autre, puis une autre, jusqu'à ce qu'on arrive à la proposition qu'il fallait démontrer.

La démonstration analytique est plutôt un procédé de recherche et d'invention : car partir de la difficulté même ou de la question proposée, on le peut toujours. Pour partir de la proposition qui doit servir à démontrer ce que l'on cherche, il faut avoir déjà entrevu le rapport de ces vérités, sans quoi on pourrait être conduit à autre chose que ce que l'on cherche. Aussi la démonstration synthétique est-elle surtout une méthode d'exposition pour la science acquise, qu'il ne s'agit plus que de communiquer.

La démonstration *indirecte* établit la vérité d'une proposition par l'absurdité de son contraire. C'est la moins usitée : car elle ne satisfait pas pleinement l'esprit, qui veut savoir non seulement pourquoi une chose ne peut pas ne pas être, mais pourquoi, pour quelles raisons elle est. Il ne faut donc l'employer que torsque tout autre procédé est impossible, et (c'est là le point délicat) il faut être bien sûr qu'il n'y a de choix qu'entre la proposition en question et une autre qui est absurde. Si une troisième était possible, il n'y aurait pas de démonstration.

Règles de toute démonstration.

La *Logique* de Port-Royal résume ainsi, d'après Pascal[1], les règles de toute démonstration : 1° prouver toutes les propositions un peu obscures, en n'employant à cet effet que les définitions qui auront précédé, ou les axiomes qui auront été accordés ou les propositions qui auront déjà été démontrées ; 2° ne jamais abuser de l'équivoque des termes et avoir toujours à l'esprit les définitions qui les expliquent.

III.

Les sciences de la nature : leur objet, leurs principales divisions, leurs méthodes ; l'expérience ; les méthodes d'observation et d'expérimentation. La Classification. L'Hypothèse. L'Induction. Rôle de la Déduction dans les sciences de la nature.

Objet des sciences de la nature.

Qu'est-ce que la *nature ?* On peut d'abord dire simplement que c'est l'ensemble de tout ce qui tombe ou peut tomber sous nos sens, ou l'universalité des choses. Mais, lorsqu'on veut se faire de cet ensemble une idée plus intelligible, on définit la nature *l'ordre établi dans l'univers ou le système des lois qui président à l'existence des choses et à la succession des êtres.*

---

1. Dans l'opuscule intitulé *De l'Esprit géométrique.* Pascal (1623-1662), auteur des *Provinciales* et des *Pensées.*

C'est de la nature ainsi entendue que s'occupe la science afin de l'expliquer, tandis que la littérature, la poésie, la peinture, l'art, en un mot, se contente de décrire, de peindre ou d'embellir les choses qui s'offrent à nos regards.

La définition que nous venons de rappeler comprend deux ordres de *lois* : celles qui président à la *coexistence*, celles qui président à la *succession*.

Expliquons d'abord ce qu'il faut entendre par *loi*. La loi est *le rapport constant et général qui existe entre les différentes parties d'un tout.*

Or, chaque être de la nature forme un tout dont les parties se tiennent ; la production de chaque phénomène tend aussi à former un tout dont les différentes parties se succèdent dans un ordre déterminé. Un terrain géologique, un cristal, une plante, un animal, sont autant de touts distincts qui ont leurs lois : car un arbre qui a telle constitution et telle structure dans son ensemble aura nécessairement tels organes de nutrition, tels organes de reproduction. Chez les animaux le système dentaire varie avec le système nutritif ; telles complications du système nerveux supposent des complications correspondantes du système osseux, etc. : ce sont là des rapports constants et généraux. Mais, d'autre part, chaque espèce de phénomènes forme aussi un ensemble de phénomènes élémentaires qui se succèdent dans un ordre déterminé. La chute d'un corps, la liquéfaction d'un métal, la solidification d'un gaz ou d'un liquide, la formation d'un courant électrique, la propagation d'une onde sonore ou lumineuse, sont autant de phénomènes complexes enveloppant un certain nombre de phénomènes partiels, dont la succession est soumise à un ordre, c'est-à-dire à une loi.

Ainsi, quand il s'agit d'êtres formés et constitués comme les minéraux, les plantes, les animaux, il faut trouver l'ordre ou la *loi de coexistence* des caractères ; quand il s'agit de phénomènes, il faut trouver l'ordre ou la *loi de succession*.

Tel est l'objet des sciences de la nature.

Principales divisions des sciences de la nature.

Les sciences peuvent se diviser en deux groupes : le groupe des sciences *physiques*, qui étudient les phénomènes et leurs lois; le groupe des sciences *naturelles*, qui étudient les êtres animés ou inanimés, leurs caractères, leurs structures et les groupes qu'ils forment entre eux.

Les premières comprennent : la *physique* ou l'étude des phénomènes qui résultent de l'action réciproque des corps les uns sur les autres quand la composition interne de ces corps n'est point modifiée ; la *chimie* ou étude des actions moléculaires par lesquelles les corps modifient leur composition intime et leurs mutuelles combinaisons. La limite est quelquefois difficile à fixer entre ces deux sciences, et il est des faits dont l'étude, pour être complète, exige le concours de l'une et de l'autre. La distinction n'en subsiste pas moins jusqu'ici[1].

Les sciences naturelles comprennent : la *géologie*, qui étudie les différents terrains du globe terrestre, la manière dont ils se sont formés et leur situation actuelle ; la *minéralogie* ou étude des corps inorganiques ; la *botanique* ou étude de la structure et des caractères des végétaux ; la *zoologie* ou étude de la structure et des caractères des animaux.

Il est maintenant des sciences de grande importance qu'on a longtemps rattachées aux sciences naturelles, qu'on rapproche aujourd'hui davantage des sciences physico-chimiques, et qui assurément tiennent le milieu entre les deux. Ce sont les sciences de la vie ou *sciences biologiques*.

Les phénomènes de la vie, pris chacun à part, passent de plus en plus pour être des phénomènes physico-chimiques ; mais ils s'accomplissent dans un ensemble organisé, qui se forme, se développe, évolue, se reproduit suivant une loi spéciale. La manière dont ces phénomènes se succèdent ou se composent ne peut donc pas ne pas se ressentir de la nature particulière de l'organisation au sein de laquelle ils se manifestent. Car, ainsi que le dit Claude Bernard, « les actions chimiques en vertu desquelles l'organisme s'accroît et s'édifie, s'enchaînent et se succèdent *en vue* de ce résultat, qui est

---

1. On choisira entre ces définitions et les définitions suivantes que donnait en 1856 M. Chevreul : « L'objet de la physique est l'étude des propriétés les plus générales de la matière brute ou inorganique..... L'objet de la chimie est de ramener la matière à des types spéciaux, dont chacun est défini par un ensemble de propriétés qui n'appartient qu'à lui. » (*Lettre à M. Villemain sur la Méthode*, Paris 1856.)

l'organisation et l'accroissement d'un individu, végétal ou animal [1] ».

Parmi ces sciences de la vie, nous distinguerons : la *biologie* ou *physiologie générale*, qui recherche les conditions communes à toute manifestation de la vie, par exemple les conditions générales de toute nutrition, de toute respiration, à quelque degré et sous quelque forme que ce soit, de la série des êtres vivants ; l'*embryogénie* ou science des premiers développements de l'être vivant avant la naissance ; l'*anatomie générale* ou étude des différentes parties des êtres organisés et des rapports mutuels de ces parties ; la *pathologie générale*, qui est le fondement de toutes les sciences médicales : car elle est la science des altérations que subissent les êtres vivants, soit dans la conformation de leurs organes, soit dans les fonctions auxquelles ces organes concourent.

Chacune de ces sciences est encore, si l'on peut s'exprimer ainsi, doublée par la physiologie *comparée*, l'anatomie, l'embryogénie, la pathologie.... *comparées*, qui recherchent dans quelle mesure se ressemblent ou diffèrent dans les divers groupes d'êtres vivants les structures d'organes ou les phénomènes qu'elles étudient.

Méthode des sciences de la nature : l'expérience.

Les sciences que nous venons d'énumérer étudient avant tout des *faits* : c'est d'eux qu'elle part, car ce sont eux qu'elle veut prouver, élucider, grouper, et, s'il est possible, expliquer.

La pensée humaine a cherché pendant longtemps à expliquer la nature par des conceptions *a priori*, c'est-à-dire devançant et même négligeant l'analyse et l'observation détaillée des faits. Tant qu'elle a suivi cette méthode, elle a pu cultiver avec le plus grand succès les sciences mathématiques ; mais les sciences de la nature n'existaient pas. Ces sciences n'ont commencé qu'au jour où fut inaugurée la méthode expérimentale ou *a posteriori*, celle qui ne fait venir les explications qu'après (*post*) l'expérience ou connaissance directe, précise, détaillée des faits.

1. Claude Bernard, *La Science expérimentale.*

Est-ce à dire cependant que les sciences de la nature ne réclament rien autre chose que la constatation des faits tombant sous les sens? Non : car ce que nous voyons tient nécessairement à quelque chose que nous ne voyons pas, et il est inévitable que l'esprit aille au delà de ce que lui montrent ses sens, même lorsqu'ils sont aidés d'instruments qui en centuplent la puissance. Nous ne voyons ni la gravitation, ni la force, ni l'affinité chimique, ni même ce que l'on a appelé l'*individu chimique* [1]; nous ne pouvons cependant nous dispenser de raisonner sur toutes ces choses. D'un côté, les faits positifs ; de l'autre, les causes supposées auxquelles on les rattache : voilà deux parties des sciences de la nature qui n'ont évidemment pas le même degré ou la même espèce de certitude ; elles n'en sont pas moins nécessaires l'une et l'autre pour constituer la science complète. Nous le verrons plus amplement lorsqu'il sera question des hypothèses.

Les méthodes d'observation et d'expérimentation.

La *méthode d'observation* ou *méthode expérimentale* est aussi appelée très souvent *méthode inductive*, c'est-à-dire qu'elle est

1. « Qu'on prenne un fragment de sulfate chaux cristallisé de Montmartre, le plus pur qu'on pourra se procurer, qu'on le triture dans un mortier d'agate de manière à le diviser en particules tellement fines que chacune ne sera plus visible qu'au microscope : toutes seront identiques les unes aux autres, mais personne n'admet qu'elles représentent des *individus chimiques*. De l'aveu de tous, chaque particule est une agrégation de plusieurs de ces individus. L'*individu chimique* nous échappe donc à cause de son extrême ténuité ; l'esprit seul en conçoit l'existence : il se le représente comme une réunion de plusieurs atomes qui sont de la même nature dans le corps simple, et de natures différentes dans le corps composé. Ces atomes, d'une forme invariable et placés à distance, constituent un *système défini dans leur nature spécifique, leur nombre et leur arrangement*. Ce système est la *molécule*, et cette molécule est *l'individu chimique*. Vous voyez... combien est grande l'illusion de ceux qui prétendent que les sciences dites *positives* ne se composent que de ce qu'ils appellent des *faits :* car il n'est pas une science du monde visible où la nécessité de lier les faits précis de l'observation contrôlée par l'expérience n'ait conduit à des conceptions de l'esprit qui sont en dehors de la démonstration. » (CHEVREUL, *Ouvrage cité*.)

désignée tour à tour par l'une ou l'autre de ses parties consti-
tutives. *Observer*, *expérimenter* et *induire*, voilà, en effet, de
quoi se compose cette seconde méthode, si l'on y ajoute l'*analogie*, qui n'est qu'une extension de l'induction, et l'*hypothèse*,
qui est une induction anticipée. Nous allons étudier séparément
chacune de ces parties de la méthode inductive.

L'observation.

Connaître la vérité des faits, c'est connaître de quelle manière ces faits se produisent; c'est en déterminer les causes,
ou, pour parler plus philosophiquement, les conditions, *les
lois*. Voilà le but du savant. Mais, pour y parvenir, il faut tout
d'abord examiner comment ces faits se produisent : en un mot,
il faut observer.

Avec quoi le savant observe-t-il? D'abord avec ses sens,
mais en les contrôlant les uns par les autres, et en choisissant
celui qui peut lui donner les indications les plus précises. Le
physiologiste et le médecin s'aident tour à tour de la vue, du
toucher et de l'ouïe (percussion, auscultation); l'odorat même
peut donner quelquefois des indices sur la nature d'une maladie. Mais les sens de l'homme sont loin de suffire, surtout
pour trouver les faits élémentaires et les noter avec précision.
On a donc inventé des instruments qui augmentent dans des
proportions souvent considérables le champ de nos observations
et la portée de nos sens. L'astronomie serait bien peu de chose
sans le télescope, et le microscope a presque révolutionné la
physiologie et la chimie : l'un a ouvert à l'homme l'infiniment
grand, l'autre l'a fait pénétrer dans l'infiniment petit. Que
saurions-nous en physique sans le thermomètre, sans la ba-
lance, sans l'électroscope, etc., etc.? Aussi l'invention d'un
appareil est-elle considérée comme un des plus grands services
qui puissent être rendus à la science.

Ce n'est pas seulement pour nous faire observer plus de
faits que les instruments sont nécessaires, c'est encore pour
nous faire observer et noter les faits avec plus d'exactitude.
Plus on va, plus on trouve que, chez l'homme, la mobilité et
l'inégalité de ses impressions, les imperfections multiples de
ses organes, sont autant de causes d'erreur. On cherche donc à
faire l'observation en supprimant le plus que l'on peut l'ob-

servateur. Ceci paraît un problème insoluble et même absurde dans les termes; on y arrive pourtant à l'aide des appareils enregistreurs, où les phénomènes viennent s'inscrire eux-mêmes d'une façon continue ou à des intervalles réguliers. Tel est le météorographe du P. Secchi, où s'enregistrent la direction et la vitesse du vent, la hauteur barométrique, l'heure de la pluie, le degré d'humidité de l'air et la quantité de pluie tombée, le tout sur un même tableau, de manière à mettre en évidence les relations réciproques de tous ces faits. Tels sont encore les appareils récemment inventés en physiologie et en médecine (notamment par M. le professeur Marey), pour que la fréquence du pouls, la température des différentes parties du corps, la nature de la respiration, etc., s'inscrivent d'elles-mêmes et fassent connaître mathématiquement le nombre, l'étendue, la durée, la régularité et l'intermittence des phénomènes qu'on a intérêt à étudier[1].

Quelques-uns de ces instruments, il est vrai, ont aussi leurs imperfections et leurs erreurs. Mais ces erreurs peuvent être plus aisément déterminées, et l'observateur, en en tenant compte, est tout aussi à même d'arriver à des résultats certains et précis.

Tels doivent être les moyens d'observer. Quant à l'observation même, on peut la définir et en même temps la régler en deux mots : *l'observation c'est l'analyse, mais l'analyse préparant déjà la synthèse*. En d'autres termes, l'observation doit s'efforcer de trouver tous les éléments; mais elle doit

---

1. « Ni la mémoire la plus fidèle ni les notes les plus détaillées ne pourraient permettre de reproduire les traits et la marche d'une maladie ou d'un symptôme avec la perfection que l'on trouve dans les travaux graphiques. C'est, à proprement parler, une méthode d'analyse. On peut surveiller les moindres déviations des fonctions les plus importantes, et voir si ces déviations, arrivant à l'époque voulue et dans la mesure ordinaire, durent un temps suffisant ou dépassent la limite habituelle. On peut surveiller, par ces déviations accrues ou corrigées, l'action des remèdes; on peut même doser cette action... Ce n'est pas seulement un moyen d'analyse que nous employons, c'est aussi un moyen de figurer toute la maladie et de réduire cette figure à une courbe connue, toujours identique avec elle-même pour tous les exemples réguliers de la même maladie. » (P. LORAIN, professeur à la Faculté de médecine de Paris, *Revue des Cours scientifiques*.)

aussi noter les circonstances, c'est-à-dire tous les faits qui se produisent en même temps que le fait donné. *L'esprit d'observation*, dit le Dictionnaire de l'Académie, *consiste à savoir remarquer les causes et les effets des phénomènes.*

Sur quoi, enfin, doit porter l'observation? Sur le fait qu'on veut connaître, sans contredit. Mais ce fait se présente dans des cas assez différents : un même phénomène physiologique se produit chez une grande quantité d'êtres vivants, quelquefois chez tous. Aussi toute observation veut-elle comparaison. C'est cette pensée qui a présidé à l'institution de l'anatomie et de la physiologie comparées, lesquelles ont fait faire tant de progrès à la science. Il convient donc de réunir, en aussi grand nombre que possible, les divers exemples d'un même fait, les représentants d'un même type. C'est là le but des collections de minéralogie et de botanique; c'est aussi celui que poursuivent les médecins des grandes villes. A Paris, par exemple, il est tel hôpital où l'on ne soigne qu'une seule maladie. L'étude et la clinique (c'est-à-dire l'enseignement fait par le professeur au lit du malade) peuvent alors retrouver plus aisément les faits caractéristiques du mal. Plus les comparaisons sont étendues, plus les caractères importants se dégagent de ceux qui le sont moins, plus ce qui est constant et universel s'aperçoit au milieu de l'accidentel et du particulier.

Toutefois, l'observateur exercé saura toujours, dans ces nombreux exemples, aller droit à celui où le fait étudié est moins masqué, moins gêné par des phénomènes d'autre nature; c'est au choix de l'exemple que se reconnaît généralement le génie de l'observateur.

L'expérimentation.

Expérimenter ou *faire des expériences, c'est provoquer artificiellement la production d'un phénomène et en modifier les conditions.* L'expérimentateur observe, cela va sans dire; il n'expérimente que pour observer. Mais on a justement marqué les différences de ces deux procédés en disant : Le simple observateur écoute la nature, l'expérimentateur l'interroge et la met, pour ainsi dire, à la question. L'observateur examine les faits tels qu'ils s'offrent à lui, dans la complexité de leurs éléments et mêlés à beaucoup d'autres; l'expérimentateur peut, tour à tour, réunir et isoler les éléments, supprimer l'un de ces éléments, retrancher ou ajouter une circonstance. L'expérimentateur n'opère pas seulement en esprit la synthèse des faits, il l'opère en réalité; sûr d'avoir trouvé les conditions déterminantes d'un phénomène, il peut agir sur ce phénomène en en détruisant ou en en reproduisant les conditions. L'expérimentation n'ajoute donc pas seulement à la science de l'homme, elle double sa puissance d'action; elle ne le fait pas seulement contemplateur, elle le fait conquérant de la nature.

Les règles de l'expérimentation sont les suivantes :

1° *Étendre* l'expérimentation. Ainsi, pour vérifier s'il est vrai que, la température restant la même, le volume d'un gaz est en raison inverse de la pression qu'il supporte (loi de Mariotte), on augmente peu à peu les pressions. Tel gaz a-t-il un volume trois fois moindre quand la pression est triple, quatre fois moindre quand la pression est quadruple, ainsi de suite ? Pour bien connaître les effets d'une substance, on augmente progressivement les doses.

2° *Varier* l'expérience. La loi de Mariotte peut-elle s'appliquer à tous les gaz? Pour le savoir, il faut naturellement expérimenter sur des gaz divers (air, acide carbonique, hydrogène, etc.). De même le physiologiste, après avoir constaté l'effet d'un poison sur les organes d'un animal, renouvelle son expérience sur un autre animal d'une autre espèce.

3° *Renverser* l'expérience. Pour connaître le rôle d'un organe, tantôt on l'irrite et on essaye de le mettre en action, tantôt on l'enlève. M. Pasteur veut démontrer que la génération spontanée, c'est-à-dire la production d'êtres vivants par la seule rencontre d'éléments inorganiques, est une chimère, et que dans les cas où l'on pense la constater, la génération est le résultat de germes ou corpuscules organiques disséminés dans l'atmosphère. Pour le prouver, il établit d'abord que ces corpuscules existent; il en recueille un certain nombre, dont il détermine la forme et la structure. En second lieu, il élimine ces corpuscules des appareils où s'opère la génération prétendue spontanée, et il fait voir qu'une fois ces corpuscules détruits par ses procédés, la génération ne se produit plus. Puis il introduit de nouveau les germes qui avaient été exclus, et avec ces germes il ramène dans ses appareils la génération d'êtres organisés. Ainsi, en introduisant et en supprimant tour à tour les germes, il obtient et supprime à volonté les productions d'organismes.

La détermination de la loi. Les tables de Bacon. Les méthodes de Stuart Mill.

Les observations et les expérimentations ont pour but de trouver la loi du phénomène étudié. *Dans quoi faut-il chercher cette loi? Dans la liaison constante et générale de ce phénomène avec un autre phénomène.* Or, cette liaison peut se reconnaître à trois signes, dont on doit chercher, autant que possible, la réunion. Pour qu'un phénomène soit la cause immédiate, la condition, la loi d'un autre phénomène, il faut : 1° que par sa présence il le produise; 2° que par son absence il le supprime; 3° et qu'en variant, il le fasse varier dans des proportions correspondantes.

Aussi Bacon veut-il qu'en observant et en expérimentant on dresse, comme il le dit, trois tables : 1° une *table de présence*, où l'on note toutes les circonstances qui accompagnent le phénomène étudié; 2° une *table d'absence*, où l'on note celles qui font défaut en même temps que ce phénomène; 3° une *table de comparaison* ou *de degré*, où l'on note celles qui croissent et décroissent en même temps que ce phénomène et de la même manière. Dans certains cas, il faut se contenter de l'une des trois, et il est possible que cela suffise. Pour établir, par exemple, que les phénomènes des marées dépendaient de l'attraction de la lune, on n'a pu évidemment que marquer les variations correspondantes de ces deux espèces de phénomènes.

Ces tables permettent d'abord de rejeter, d'*éliminer* successivement tout ce qui n'est pas une condition nécessaire du fait qu'on étudie. Puis, quand on a éliminé toutes les circonstances accessoires et accidentelles, on a tout lieu d'espérer, dit encore Bacon, que « les lois fausses et les causes chimériques s'étant dissipées en fumée, la vérité restera seule au fond du creuset[1] ».

1. Claude Bernard, pour donner un exemple de la manière dont procède la physiologie expérimentale, choisissait cette question :

Le philosophe anglais contemporain Stuart Mill a cru devoir rajeunir et compléter ces règles de l'expérimentation, en recommandant quatre méthodes, qu'il appelle : méthode de *concordance*, méthode de *différence*, méthode des *variations concomitantes* et méthode des *résidus*. En réalité, la première répond aux tables de présence, la deuxième aux tables d'absence, la troisième aux tables de variations ; la quatrième seule peut être considérée comme nouvelle.

La méthode de *concordance* consiste à établir par une série d'expériences quel est le phénomène qui concorde toujours avec le phénomène étudié, c'est-à-dire qui est toujours présent en même temps que lui. Dans les exemples empruntés plus haut aux expériences de M. Pasteur, on voit que la présence de corpuscules organiques ou de germes concorde toujours avec la génération. Soit encore l'étude de la rosée. On observe des formes très différentes, telles que la moiteur qui se répand sur une pierre ou sur un métal froid lorsqu'on souffle dessus ; ou celle qui, par un temps chaud, se produit sur une carafe d'eau sortant du puits ; ou celle qui couvre le côté intérieur des vitres, quand une pluie ou une grêle soudaine refroidit l'air extérieur ; celle qui suinte des murs, lorsque, après une gelée prolongée, survient une chaleur humide ; celle, enfin, qui constitue la rosée nocturne. En comparant ces cas, on trouve que toujours l'objet mouillé a une température plus basse que l'air avec lequel il est en contact : donc quand un objet se couvre de rosée, il est plus froid que l'air.

Comment s'opère l'asphyxie par la vapeur du charbon ? Il montrait que plusieurs expérimentateurs avaient eu tort d'attribuer la cause de ce genre de mort soit à l'altération des poumons, soit à l'altération du système vasculaire (système des vaisseaux sanguins) qui lui était consécutive. Notre illustre physiologiste faisait voir ensuite que l'oxyde de carbone agissait sur le sang, et plus particulièrement sur les globules tenus en suspension dans le sang, et plus particulièrement sur les globules rouges. Les globules, dont la fonction propre est d'absorber incessamment l'oxygène dont le sang a besoin, sont frappés d'inertie au contact de l'acide carbonique. Enfin, par une nouvelle série d'éliminations, Claude Bernard prouve que cette mort du globule rouge, qui constitue l'asphyxie, « se réduit au déplacement, par affinité chimique, de l'oxygène par l'oxyde de carbone ».

La méthode de *différence* est comme une sorte de contre-épreuve qui supprime la circonstance présentée par la méthode de concordance comme étant la circonstance nécessaire et dé-terminante. Telle est la suppression des germes dans les expé-riences de M. Pasteur. C'est là une précaution nécessaire pour ne pas transformer en loi une simple *coïncidence*.

La méthode des *variations concomitantes* n'est autre chose que la table de comparaison et de degré. Nous avons donné plus haut l'exemple des marées : on peut dire encore que M. Pasteur la pratique dans ses expériences, lorsqu'il montre que là où il y a peu de germes, comme sur les hautes montagnes, il n'y a que peu ou point de productions d'organismes dans des vases remplis de matières dites fermentescibles, tandis que là où il y a beaucoup de corpuscules germes, comme dans des lieux bas et dans les caves, cette production se manifeste avec abondance. Il y a donc des variations concomitantes entre l'abondance ou la rareté des germes et l'abondance ou la rareté des productions organiques.

La méthode des *résidus*, seule, ajoute quelque chose aux règles de Bacon. Voici comment Stuart Mill (*Logique*, VIII, page 5) l'a formulée.

« Si l'on retranche d'un phénomène donné tout ce qui, en vertu d'inductions antérieures, peut être attribué à des causes connues, ce qui reste sera l'effet des antécédents qui ont été négligés, et dont l'effet était encore une quantité inconnue. » On a objecté à Stuart Mill que ce résidu n'est pas expliqué par cela seul qu'on a découvert que les autres inductions n'en rendaient pas compte. Cette objection est fondée : aussi la méthode des résidus ne mène-t-elle pas immédiatement comme les trois autres à une induction positive. Seulement elle indique un inconnu qu'il faut dégager, une question qu'il faut résoudre : elle provoque des recherches nouvelles. A ce titre donc elle est précieuse : « Presque toutes les grandes découvertes en astronomie, dit Herschell, ont été le fruit de l'examen des phé-nomènes résidus quantitatifs ou numériques. C'est ainsi que l'unique découverte de la précession des équinoxes résulte, à titre de résidu, de l'explication incomplète du retour des saisons par le retour du soleil aux mêmes lieux apparents par rapport aux étoiles fixes. »

L'induction proprement dite.

La loi une fois déterminée pour les cas particuliers qui ont été observés et expérimentés, l'*induction* proprement dite vient la formuler, et elle l'*étend à tous les phénomènes de même nature,* se passant dans les mêmes circonstances. De là certaines règles qui sortent naturellement de la définition même.

1° Quand on formule la loi, il faut *n'y faire entrer rien autre chose que ce qui a été observé.* « En établissant un principe général par induction, dit Bacon, il faut voir s'il est bien ajusté à l'ampleur des faits dont il est tiré, s'il n'a pas plus d'ampleur et de latitude; et, au cas qu'il déborde cette masse de faits, il faut voir s'il ne serait pas en état de justifier cet excès d'étendue en indiquant les nouveaux faits qui seraient comme une garantie, une caution de ce surplus...[1] » — « S'il n'y a aucune opposition de la part des phénomènes, dit de son côté Newton, on peut tirer une conclusion générale. Mais, s'il se présente quelque exception de la part des phénomènes, il faut alors que la conclusion soit limitée par les exceptions qui se présentent[2].» De même qu'on réunit un certain nombre de faits sous une même loi, de même, sans doute, on peut réunir un certain nombre de lois dans une loi plus générale. Mais ces généralisations doivent être progressives et se proportionner toujours exactement aux résultats de l'expérience.

2° Il ne faut *étendre la loi formulée qu'à ce qui est vraiment même et à ce qui est dans les mêmes conditions.* Mais, pour ne pas entendre cette règle d'une façon trop étroite, il faut bien voir sur quoi les observations et les expériences ont porté. Si c'est sur un caractère ou une propriété particulière, l'induction pourra s'étendre aux caractères et aux propriétés qui seront mêmes, fût-ce dans des choses et des êtres dissemblables d'ailleurs. Au contraire, les plus grandes ressemblances n'autorisent pas l'induction, si elles ne reproduisent pas précisément le caractère ou la propriété, objet des expériences primitives. Par exemple, un physiologiste opère sur un chien. Nous sup-

1. Bacon, *Novum Organum,* I, 101.
2. Newton, *Optique,* III, 31.
3.

posons qu'il écarte les accidents individuels. Mais ensuite,
l'examine-t-il en tant que chien de chasse, ou en tant que chien
seulement, ou en tant que mammifère, ou en tant que vertébré?
Si c'est en tant que chien, il n'appliquera le résultat de ses
expériences qu'aux chiens; mais si c'est en tant que vertébré,
c'est-à-dire si les organes et les fonctions qu'il étudie sont
semblables aux organes correspondants et aux fonctions correspondantes dans toute la série des vertébrés, alors il fera porter
sa loi sur toute la série : car, à vrai dire, c'est d'un vertébré
à des vertébrés qu'il étendra son induction. Il ira donc du
même au même.

Disons enfin que, si le savant doit être prudent dans ses
généralisations, il doit néanmoins avoir confiance dans la
constance de la nature et dans la fixité de sa loi, quand une
fois il l'a bien établie et bien déterminée. S'il rencontre d'apparentes exceptions, ce doit être seulement pour lui un indice
précieux qu'il y a une autre loi, dont il ne connaît pas encore
l'existence, et qui, suivant l'expression des physiciens, produit
avec celle qu'il a découverte un effet composé.

L'analogie.

La loi découverte est, avons-nous dit, appliquée à tous les
phénomènes du même groupe ou du même genre : donc plus
on réussit à étendre ce groupe de phénomènes auxquels peut
s'appliquer une loi découverte, plus on donne d'étendue et de
puissance à cette loi.

Or, s'il est des genres faciles à établir par l'identité pour
ainsi dire visible et palpable de tous leurs caractères consti-
tutifs, il en est une foule d'autres plus malaisés à dégager,
parce qu'ils se cachent sous des différences plus apparentes.
C'est dans ce travail qu'intervient utilement l'*analogie*. *Elle
consiste à conclure de certaines ressemblances d'autres ressemblances permettant mieux de rapprocher les choses ainsi
comparées, et de les placer dans un même groupe.* Elle prépare
donc les genres au sein desquels l'induction pourra voir, si
l'on peut parler ainsi, régner ses lois. En physique, on a
d'abord remarqué que la chaleur et la lumière se ressemblent
sous plusieurs rapports. (En effet, l'intensité de la chaleur
rayonnante et celle de la lumière sont également en raison

inverse du carré de la distance, et toutes deux, dans un milieu homogène, se meuvent en ligne droite ; mais, quand elles rencontrent un obstacle, elles se réfléchissent, et l'angle de réflexion est égal à l'angle d'incidence. Pour toutes deux aussi le rayon incident et le rayon réfléchi sont dans un même plan perpendiculaire à la surface réfléchissante, etc.) De ces lois, et d'autres encore, on en est venu à se convaincre que chaleur et lumière ne sont qu'une seule chose, car de tels rapports doivent avoir leur raison ; or, cette raison ne peut être qu'un ensemble de rapports plus complets et au fond une nature commune. Mais, avant même qu'on osât aller jusque-là, il était impossible de faire, sur l'une des deux, des expériences ou des calculs, sans essayer d'en appliquer les résultats à l'autre. En histoire naturelle, Geoffroy Saint-Hilaire a montré les analogies qui permettent de retrouver dans toute la série animale l'identité d'origine des organes dont les formes sont les plus dissemblables en apparence. Il a fait voir, par exemple, quelles profondes affinités existent entre le bras de l'homme, le pied du cheval, la nageoire du poisson, l'aile de l'oiseau. On a vu aussi que les fonctions essentielles de digestion, d'absorption, de respiration, obéissent à certaines conditions toujours les mêmes, malgré la diversité de structure de leurs organes. Ces révélations ont été le point de départ des immenses progrès de la physiologie générale ou étude des lois générales de la vie.

L'analogie est un procédé délicat et difficile à manier. Il est clair qu'on ne doit pas se contenter de ressemblances superficielles. Il faut que les rapports observés soient des rapports scientifiques, c'est-à-dire assez constants, assez importants dans la vie de l'individu, ou assez essentiels dans la production des phénomènes, pour ne pouvoir pas avoir leur raison dans des faits accidentels.

L'hypothèse. Rôle de l'hypothèse dans la science.

Dans un sens très général, une hypothèse est une supposition ; mais on ne suppose jamais rien sans raison, et la raison qu'on a de faire une supposition, c'est le besoin qu'éprouve l'esprit de combler des lacunes dans ses connaissances, et de s'expliquer tout ce qu'il a vu. Or, les explications scientifiques

des phénomènes ne sont autre chose que les lois groupant
entre eux tous les faits qui se déterminent les uns les autres:
l'*hypothèse*, dans la méthode, peut donc être définie : *une loi
provisoire*, ou mieux encore *une induction anticipée.*

La science proprement dite ne doit sans doute pas contenir
d'hypothèses : car savoir et supposer sont deux choses très
différentes; mais *si les hypothèses ne sont pas la science, elles
aident à la faire.*

1° On ne peut observer et expérimenter au hasard, sans
but ni plan ; il faut, avant de commencer ses recherches, *avoir
une idée.* Un expérimentateur sans idées pourra être un bon
préparateur ou un démonstrateur plus ou moins habile; il ne
sera jamais un savant. L'histoire des sciences physiques et
naturelles prouve jusqu'à l'évidence qu'il n'est à peu près aucune grande découverte qui n'ait été préparée par des idées,
c'est-à-dire par des hypothèses. Tout le monde sait que
Copernik commença par juger le système de Ptolémée très
compliqué et très incohérent. Il chercha, en conséquence, s'il
ne pouvait être donné une explication plus raisonnable. Or,
il trouva dans Cicéron que Nicétas, de Syracuse, enseignait
que notre globe tourne sur son axe. Nicétas expliquait même
par là comment les cieux paraissent tourner autour du spectateur placé sur la terre. Il trouva ensuite dans Plutarque que
le pythagoricien Philolaüs avait dit que la terre se mouvait
annuellement autour du soleil. Il reconnut immédiatement
qu'en supposant ces deux mouvements, tout le désordre et la
confusion des mouvements célestes disparaissaient et faisaient
place à un arrangement simple et régulier, à une harmonie de
mouvements dignes du divin Auteur du monde. Voilà le point
de départ de l'astronomie moderne[1].

2° Dans le cours même des observations, les faits les plus
authentiques ne contribuent au progrès de la science qu'autant qu'ils sont groupés les uns à côté des autres ; cette synthèse ne peut être opérée que par une idée, et il faut bien que
cette idée commence par être hypothétique. « La découverte,

---

1. Voyez dans tous les traités de physique l'histoire de la découverte de Torricelli et de Pascal sur l'ascension des liquides. —
Voyez aussi dans notre livre de *Psychologie des Grands Hommes*
l'histoire de la découverte de Newton.

dit un spirituel critique médical[1], gît dans l'*idée*. Les *faits*
sans l'idée ne sont rien : car ils ne valent qu'en tant qu'ils
expriment, manifestent, réalisent l'idée. L'idée ne vient donc
pas à la suite des faits et à titre de simple corollaire ; loin de
là, les faits ne sont des faits que par la signification que leur
donne l'idée. Il est pourtant d'usage, parmi nos savants, de
dire que la théorie doit suivre les faits, et non les faits suivre
la théorie. Cette formule est très contestable, en principe ; et,
en fait, l'exemple des théories dont l'esprit humain fait le plus
volontiers parade (le système copernicien, la gravitation
newtonienne, la circulation du sang, etc.) lui donnerait tort.
Ce qui trompe en ceci, c'est qu'on confond la *démonstration*
de l'idée avec sa *conception*. Il faut sans doute des faits pour
démontrer l'idée, ou, en d'autres termes, il faut pour que
l'idée soit *vraie* qu'elle soit *vérifiable*. Mais justifier n'est pas
découvrir. La découverte est la conception du principe idéal,
régulateur des faits. C'est là l'œuvre créatrice et architecto-
nique de l'esprit. » Et à propos de l'histoire de la découverte
de la circulation du sang, le critique que nous citons ajoute,
avec non moins de profondeur que de sens : « Ce n'est donc
pas précisément faire l'histoire d'une découverte ou invention
que d'énumérer les ébauches plus ou moins informes qui l'ont
précédée. Ces précédents, en effet, n'acquièrent une valeur,
comme élément de la pensée nouvelle, qu'à la lumière fournie
par cette pensée même. La connaissance des valvules des veines
fut, dit-on, un acheminement à la théorie de la circulation.
Rien de moins sûr. Il serait plus exact de dire que c'est l'idée
de la circulation qui a fait reconnaître le rôle fonctionnel des
valvules ; et, de fait, leur vraie fonction a été méconnue, même
par leur inventeur, jusqu'à Harvey. C'est que Harvey avait,
pour ouvrir la serrure, la clef qui manquait à Fabrice d'Acqua-
pendente... Flourens semble supposer qu'on n'est arrivé à la
découverte d'Harvey que pas à pas, par pièces et par morceaux. Césalpin a vu ceci ; Colombo, cela ; Fabrice, une autre
chose ; Servet, une autre encore..... Très bien ! Mais l'*idée !*
Cette idée....., cette conception d'un mouvement circulaire du
sang dans un système continu de canaux revenant sur eux-
mêmes, qui l'a eue le premier ? qui le premier l'a explicitement

1. L. Peisse, *la Médecine et les Médecins,* I, 2.

formulée avec la pleine conscience de son contenu et de sa vérité? C'est celui-là, et celui-là seul qui a fait connaître la circulation du sang. Les autres, à parler rigoureusement, n'en ont su ni beaucoup ni peu. Probablement même ils l'auraient niée, si elle leur avait été présentée comme une conséquence de leurs propres travaux. Harvey lui-même ne nia-t-il pas les vaisseaux chylifères d'Aselli et le réservoir de Pecquet, qui n'étaient, au fond, que des compléments du mécanisme circulatoire, des confirmations de sa théorie générale? — Il y parut bien, lorsque Harvey annonça sa découverte. Malgré tous ses prétendus précurseurs, il ne rencontra d'abord que des incrédules et des opposants. Ce n'est que plus tard, lorsqu'il fallut se rendre à l'évidence, qu'on trouva la circulation partout... [1]»

De l'invention et de la vérification des hypothèses.

L'hypothèse est sans doute l'œuvre de l'imagination, le fruit du génie; et ce n'est point la méthode qui donne ni l'imagination ni le génie. La méthode peut toutefois leur indiquer des règles utiles à connaître, soit pour la *formation*, soit pour la *vérification* des hypothèses : car il est clair que nulle hypothèse ne peut se construire au hasard, et que le vrai savant ne se contentera jamais d'une explication quelconque, sans chercher si elle est d'accord avec les faits.

Relativement à la formation, il faut : 1° se rendre exactement compte du fait qu'on veut expliquer, de tous les caractères et propriétés qui le distinguent, de toutes les circonstances au milieu desquelles il s'accomplit; 2° parmi ces propriétés et ces circonstances, choisir les plus remarquables par leur constance, leur généralité; essayer même de trouver si,

---

1. Un illustre savant de nos jours, que nous avons déjà cité, Claude Bernard, parle ainsi de l'idée révélatrice : « Son apparition est toute spontanée et tout individuelle. C'est un sentiment particulier, un *quid proprium*, qui constitue l'originalité ou le génie de chacun. Il arrive qu'un fait ou qu'une observation reste très longtemps devant les yeux d'un savant sans lui rien inspirer; puis tout à coup vient un trait de lumière. L'idée neuve apparaît alors avec la rapidité de l'éclair, comme une sorte de révélation subite. » Voyez la signification philosophique de ces paroles profondément dégagée par M. CARO dans son livre *le Matérialisme et la Science*, chap. II.

parmi les faits élémentaires qui constituent le phénomène total, il n'en reste pas un qui semble, pour ainsi dire, dominateur : de telle sorte que l'expliquer serait tout expliquer. C'est pour ces circonstances principales ou pour ce fait dominateur qu'on doit inventer une explication : voilà, à proprement parler, l'hypothèse ; 3° choisir de préférence les explications ou hypothèses les plus simples. « C'est pour la *simplicité*, dit un historien de la science, que Copernik replaça le soleil au centre du monde ; c'est pour elle que Képler détruisit tous les épicycles que Copernik avait laissés subsister : peu de principes, de grands moyens en petit nombre, des phénomènes infinis et variés, voilà le grand tableau de l'univers. »

Relativement à la vérification, il faut chercher : 1° si l'hypothèse est d'accord avec tous les faits et avec tous les principes évidemment connus, ou du moins si elle n'est formellement contredite par aucun ; 2° si elle rend compte de toutes les circonstances du fait et de tous les faits de même nature dont on peut acquérir la connaissance par la suite ; 3° si les conséquences qui en découlent sont confirmées par l'expérience ou par le calcul. Ce dernier mode de vérification est l'un des plus sûrs et en même temps des plus féconds. Car, lorsque l'hypothèse se trouve être vraie, la science est mise ainsi sur la voie d'un grand nombre de faits nouveaux qu'elle n'avait pas soupçonnés jusqu'alors[1].

Par l'observation de ces règles, beaucoup d'hypothèses se transforment peu à peu en lois positives. Il est néanmoins beaucoup d'hypothèses qui sont inévitablement destinées à disparaître, mais après avoir rendu de très grands services. Elles nous ont permis de *comprendre* une quantité plus ou moins considérable de faits ; mais vient un jour où nous dé-

---

1. « On oppose, dit Herschell, à la doctrine de Copernic que, si elle était vraie, Vénus devrait apparaître quelquefois avec la configuration que la lune présente avant d'atteindre son plein. Il en convint, et ajouta même que, si elle s'offrait jamais à nous, elle nous apparaîtrait ainsi. On peut aisément se faire une idée de quel étonnement on fut, longtemps après, saisi, quand on vit le télescope confirmer cette prédiction, et qu'on aperçut cette planète avec la configuration que lui avaient également assignée l'auteur du nouveau système et ceux qui le combattaient. » Voilà un bel exemple de cet accord révélé entre une hypothèse et la réalité par des faits longtemps reconnus et subitement découverts.

couvrons des faits nouveaux qui échappent à l'explication. Alors il faut renouveler l'hypothèse et l'agrandir. Cela est surtout vrai pour ces hypothèses qui embrassent une grande quantité de faits et de lois, et qu'on appelle des *théories* ou *systèmes*. Est-ce à dire qu'on doit renoncer à tout système? Ce serait impossible. Mais il faut toujours se tenir prêt à élargir et à corriger les systèmes pour les mettre en harmonie avec les faits[1].

Exposé sommaire de quelques hypothèses générales dans les sciences.

Mais arrêtons-nous encore à quelques exemples historiques, qui nous feront toucher du doigt cet accord de tant de facultés de tant de procédés et d'efforts de toute nature associés dans ces grandes découvertes de la science.

Comment s'est formée la terre que nous habitons? comment se sont constitués les soleils, les planètes, les satellites? Il est difficile, ce semble, de réunir ici des *faits* et de vérifier expérimentalement des hypothèses. On a même dû croire pendant longtemps qu'il serait absurde d'y prétendre. Voyons cependant ce qu'ont pu faire l'observation, le calcul et l'expérimentation même, entraînés par l'imagination, gouvernés par la raison et par les résultats de la science acquise.

En géologie, on avait bien pu observer les terrains tels que la suite des temps les avait faits; mais comment savoir de quelle manière s'étaient formés les minéraux qui gisent dans

1. Avoir un système, c'est s'entendre avec soi-même sur les divers points que l'on étudie et que l'on connaît. Il ne peut pas ne pas y avoir de systèmes dans la science, parce que nous sommes convaincus qu'il y en a dans la nature. Remarquez, d'ailleurs, que le mot *système* est pris dans ces deux sens. Ainsi, on dit le système céleste, le système nerveux, le système social, parce qu'on est convaincu que les corps célestes, que les nerfs et leurs centres, que les individus et les associations d'individus forment nécessairement des ensembles auxquels préside un certain ordre. C'est cet ordre que la science doit essayer de retrouver, sous peine de n'être pas la science. Seulement, il faut faire plier son système devant les faits, et non les faits devant son système: ce dernier travers est celui des esprits qu'on appelle *systématiques*, en prenant le mot dans une acception défavorable.

les entrailles du globe? On le sait depuis que les chimistes sont parvenus à former ces mêmes minéraux dans leurs laboratoires : car alors les hypothèses qu'on avait conçues ont été expérimentalement vérifiées. James Hall, pour expliquer la cristallisation de la craie sous la double influence de la chaleur et de la pression, transforma lui-même de la craie en marbre en la chauffant au rouge dans un vase clos et rigide. De pareilles expériences furent faites en très grand nombre pour expliquer la composition et le mode de formation des cristaux et des roches. Dès lors l'hypothèse de l'incandescence primitive du globe terrestre, imaginée et avancée par Descartes, Leibniz et Buffon, devient une vérité scientifique. Une seule chose, en effet, embarrassait les partisans de cette théorie : c'était la difficulté de comprendre comment certaines roches avaient pu se cristalliser, c'est-à-dire prendre une forme régulière en se solidifiant. Les reconstitutions artificielles dont nous parlons firent disparaître cette difficulté et raffermirent la théorie.

Depuis lors, la géologie marche à grands pas dans la voie expérimentale et semble avoir pris pour devise cette parole d'un savant : « *Les lois générales qui régissent la matière ne reconnaissent pas de limite entre le laboratoire du chimiste et le laboratoire de la nature.* Devant elles disparaît toute distinction entre les produits naturels et ceux qu'il nous plaît d'appeler d'un autre nom. Nous pouvons donc sans crainte appliquer aux premiers les règles générales que les seconds nous ont laissé découvrir[1]. »

Mais de la terre que nous habitons, montons à l'ensemble du système dont elle n'est qu'une faible partie. On sait comment Laplace explique la formation des planètes et des satellites.

Toute masse fluide qui tourne autour d'un axe prend la forme d'une sphère s'aplatissant d'autant plus aux pôles que la rotation est plus rapide. Supposons que le soleil d'autrefois ait été une semblable sphère et se soit transformé peu à peu en un disque aplati. La force centrifuge a triomphé de l'attraction qui avait retenu jusque-là les zones périphériques. Ces zones abandonnent la masse centrale : elles constituent un anneau indépendant qui conserve son mouvement primitif de rotation.

---

1. Voyez *Lettres sur les Révolutions du Globe*, par A. BERTRAND, et note de Henri Sainte-Claire Deville, p. 52.

Cependant la masse fluide centrale continue à se condenser, et son volume diminue de plus en plus, et la rapidité de sa rotation augmente en proportion. Bientôt donc un second anneau se sépare, puis un troisième et ainsi de suite. Mais, pour peu qu'un anneau ne soit pas complètement homogène, la force de l'attraction tend à le briser et à en réunir les diverses parties en une masse sphérique animée d'un mouvement de rotation sur son axe et d'un mouvement de révolution autour du corps dont elle provient. Voilà l'origine des planètes. Mais ces planètes naissantes obéissent aux mêmes lois que la masse primitive dont elles sont sorties. Au fur et à mesure que leur condensation fait des progrès, leur mouvement de rotation s'accélère : il peut donc arriver qu'elles abandonnent, à leur tour, des anneaux pareils, qui se condensent également en masses sphériques : ce sont alors les satellites qui apparaissent.

On peut remarquer que ces hypothèses sont d'abord conformes aux principes de la mécanique ; on peut observer aussi qu'elles sont confirmées par l'étude du ciel. Le télescope nous montrant des corps célestes avec des anneaux en formation, des masses planétaires presque séparées et environnées de bandes concentriques destinées à devenir bientôt des satellites, « c'est la nature prise sur le fait et nous livrant le secret de ses procédés de fabrication ».

Ce n'est pas tout. L'expérimentation même a pu confirmer aussi les résultats de l'observation et du calcul. « M. Plateau nous a enseigné à construire des mondes dans notre cabinet. Voici comment : on mélange de l'eau et de l'alcool, de manière à composer un liquide de même densité qu'une huile quelconque dont on se servira. On introduit ensuite avec précaution une certaine quantité de cette huile dans le milieu du liquide alcoolique. Évidemment elle est soustraite à l'action de la pesanteur. Aussi demeure-t-elle en équilibre sans monter ni descendre, à la place même où elle a été déposée ; elle prend d'elle-même la forme d'une sphère. On traverse ensuite cette sphère par une tige métallique, à laquelle un mécanisme particulier communique un mouvement de rotation de plus en plus rapide. Aussitôt la sphère huileuse se déprime à ses pôles, s'enfle à son centre et s'étale peu à peu en un large disque. Bientôt elle abandonne à sa périphérie un anneau, puis un second, puis un troisième, si l'on augmente progressivement la vitesse. La plupart de ces anneaux se condensent en petites sphères, animées d'un mouvement de rotation sur elles-mêmes et de translation autour de la masse qui leur a donné naissance. *Ce que nous effectuons en petit dans nos laboratoires est réalisé en grand dans la nature*[1]. »

On pourrait toutefois se demander si la matière est la même partout, dans tout l'espace céleste et dans tous les corps qui le peuplent : l'analyse spectrale de la lumière de tous les astres et l'analyse chimique et même minéralogique des aérolithes répond à cette objection, en prouvant qu'il n'y a qu'une matière douée des mêmes propriétés, soumise aux mêmes lois.

L'hypothèse de Laplace a ainsi acquis de jour en jour une probabilité qui a fini par toucher à la complète certitude.

Mais cette idée de l'unité de la matière n'est pas seulement une confirmation de la puissante théorie que nous venons d'analyser. A son tour, elle devient le point de départ de théories nouvelles, et comme le fondement d'un système aussi vaste que le premier. La mécanique de l'infiniment grand devient aussi la mécanique de l'infiniment petit : les lois qui règlent la formation et les mouvements des astres président aussi à la distribution de l'énergie dans les molécules invisibles de toute matière. De là ces sciences nouvelles de la thermo-dynamique, de la thermo-chimie, etc., dominées par la conception de l'unité de toutes les forces physiques.

Rôle de la déduction dans les sciences de la nature.

Tous les développements qui précèdent montrent exactement la place et le rôle de la déduction dans les sciences de la nature. 1° Découvrir des lois par l'observation et l'expérimentation ; 2° déduire de ces lois générales certaines lois plus spéciales ; 3° avoir recours de nouveau à l'expérience pour vérifier par les faits les conclusions de ces déductions : telle est, en effet, la méthode généralement usitée aujourd'hui dans ces sciences.

Quelquefois cependant la loi posée tout d'abord est le produit d'un travail intellectuel, où l'hypothèse inventée par l'imagination déborde les faits ou les complète, les enveloppe enfin dans

1. Contejean, *Traité de Géologie et de Paléontologie.*

une théorie encore hypothétique. La déduction n'en vient pas moins après, et, en troisième lieu, la vérification expérimentale. Mais, cette vérification obtenue, il y a une loi qui est acquise, et qui repose désormais sur des faits. Cette loi devient, à son tour, un principe dont on peut tirer par déduction des conséquences qui se vérifient, et ainsi de suite, sans que l'esprit humain s'arrête jamais dans le va-et-vient perpétuel de l'imagination constructive et du calcul aux faits observés, des faits observés au raisonnement...

Il semble à certains esprits que nous approchons du moment où, toutes les lois essentielles de la nature étant découvertes, il n'y aura plus qu'à en tirer les applications par les mathématiques et le calcul. « Il se fait progressivement et paisiblement, dit Stuart Mill, une révolution inverse de celle à laquelle Bacon a attaché son nom. Ce grand homme remplaça la méthode déductive par la méthode expérimentale ; maintenant la méthode expérimentale retourne rapidement à la méthode de déduction. Mais les déductions qu'abolissait Bacon étaient tirées de prémisses hâtivement ramassées ou arbitrairement admises. Les principes n'étaient ni établis d'après les règles légitimes de la recherche expérimentale, ni leurs résultats certifiés par l'indispensable élément d'une méthode déductive rationnelle, la vérification par l'expérience spécifique[1]... »

Ne croyons pas cependant qu'on arrive de sitôt (si on y arrive jamais) à ne plus avoir besoin que de calculer les effets de lois toutes connues. La partie déductive de la science ira toujours en augmentant, au fur et à mesure qu'on aura plus de lois physiques bien établies ; mais il restera toujours des lois nouvelles à dégager, et, pour ce travail sans cesse renaissant, ce ne sera jamais de trop de toutes les ressources combinées de la méthode et de tous les efforts concertés de l'esprit humain.

1. Stuart Mill, *Système de Logique*, tome I, p. 543 de l'édition française.

IV.

Les sciences morales : leur objet, leurs caractères propres, leurs principales divisions. Méthode : l'induction et la déduction dans les sciences morales.

Objet des sciences morales. Leurs divisions.

On a pris l'habitude de désigner sous le nom de *monde moral* l'ensemble des réalités, des phénomènes, des idées qui rélèvent de l'activité propre de l'esprit. Le monde moral, c'est donc l'esprit humain avec ses facultés, ses manifestations, ses lois, les règles qu'il s'impose, les rapports qu'il établit entre lui et l'univers, entre lui et la Divinité. Les sciences morales sont les sciences qui ont pour objet l'étude de ce monde moral ainsi désigné.

La limite qui doit séparer les sciences morales des sciences du monde physique et des sciences abstraites est peut-être difficile à fixer. Une division sommaire des sciences en fera mieux comprendre la complexité.

Elles étudient : 1° ce que la nature humaine est en fait ; 2° ce qu'elle devrait être, et ce que, dans ses représentants non dégénérés, elle s'efforce, ou, tout au moins, souhaite de devenir.

Or, ce que la nature humaine est, en fait, dépend :

1° De sa nature intime, de ce qu'elle a d'essentiel, par conséquent, d'universel et de constant ;

2° De ce qu'elle a pu devenir par les manifestations qu'elle a subies en vivant, en agissant, en accumulant les résultats de son génie ;

3° De son conflit avec les choses, avec les nécessités de la nature et les conditions diverses de son milieu ;

4° De ses efforts mêmes pour atteindre l'idéal qu'elle se forme, et auquel elle croit.

Il n'y a donc rien de plus complexe que la nature humaine, qui tient à tant de choses, dépend de tant de conditions, embrasse tant d'idées dans ses conceptions et dans ses désirs.

A la base de ces sciences il convient de mettre :

La *Psychologie*, qui étudie les facultés de l'homme, en général, sa sensibilité, sa raison, sa liberté.

Si l'on veut tirer immédiatement de cette connaissance de notre nature les règles qui doivent la diriger, on étudiera :

La *Logique* ou science des méthodes ;

La *Morale* ou science du gouvernement de la vie ;

L'*Esthétique* ou science de l'art et des beaux-arts ;

De la morale même on tirera les principes de la *Politique* ou science du gouvernement des sociétés.

Mais il convient aussi de rechercher ce que la nature humaine a été, ce qu'elle a fait, et les modifications qu'elle a pu subir. C'est là l'objet de l'*Histoire* en général, dans laquelle on peut distinguer bien des branches particulières : l'histoire des événements proprement dits ; l'histoire de la civilisation, c'est-à-dire des institutions, des religions, des sciences, des lettres et des arts.

On peut ensuite étudier les rapports de la nature humaine avec les conditions multiples du milieu dans lequel elle se développe. On trouve alors devant soi certaines sciences mixtes, qui ont pour objet la vie des sociétés, les *lois qui président à la production, à la distribution, à la circulation des richesses publiques*. Ces dernières expressions désignent la science de l'*Économie politique*. Les richesses, dont cette science étudie les conditions et les lois, supposent, en effet, l'action de la volonté humaine mise au service des besoins de notre nature et se dirigeant d'après certaines conceptions, parmi lesquelles sont les idées de responsabilité personnelle, de droit et de justice ; mais elles supposent aussi la connaissance d'un grand nombre de phénomènes extérieurs, exigences physiologiques, étendue et limites des forces physiques, ressources des agents naturels, mécanique des forces inconscientes de la société ; elles supposent aussi le calcul mathématique de certaines quantités données.

Enfin, lorsque la pensée humaine veut se rendre compte de l'idéal qui l'attire et qui la tourmente toujours, lorsqu'elle veut savoir quelle en est la réalité, quelle en est la nature et quel est le genre de certitude auquel on peut parvenir en l'étudiant, elle trouve alors la *Métaphysique*, avec les problèmes définitifs que lui lèguent, pour ainsi dire, toutes les autres sciences.

Méthode des sciences morales.

La méthode d'une science dépend, on l'a vu, de la nature même de l'objet de cette science. Ceux qui ne voient dans la nature humaine qu'une suite de phénomènes déterminés par les conditions du milieu veulent appliquer aux sciences morales la *méthode* purement *expérimentale* : ils imaginent alors une physique sociale, une mécanique sociale, une hygiène sociale, etc. C'est là une réaction tout à fait excessive contre l'erreur de ceux qui attribuaient à la volonté humaine non seulement une liberté, mais une puissance illimitée ; ceux-ci voulaient arrêter *a priori* et interpréter au moyen de la *méthode déductive* les principes directeurs de la vie humaine, individuelle ou collective : car, à leur point de vue, la morale se posait, pour ainsi dire, tout entière d'elle-même, on en tirait une politique théorique dont toutes les lois étaient absolues, et tout le reste devait s'accommoder à ces exigences.

La vérité comprend une partie de chacune de ces deux théories conciliées et complétées.

Nous venons d'établir que la nature humaine subit l'action de tous les faits avec lesquelles elle est en relation. Le monde extérieur ne change pas pour nous ses lois : dans l'explication théorique comme dans le gouvernement pratique de nos destinées, nous sommes obligés de tenir compte d'une multitude de faits et de lois aussi nécessaires que les lois physiques ou même que les lois mathématiques. Ne pas s'y accommoder, c'est s'y briser, et on ne peut s'y accommoder qu'à la condition de les connaître. Telles sont la plupart des lois qui président à la formation des richesses par le concours des agents physiques, du travail, de l'épargne et du capital. Telles sont encore celles qui président à la succession ou au renouvellement d'un certain nombre de faits sociaux dans un état de civilisation une fois donné. Si l'homme peut se modifier (car nous y reviendrons tout à l'heure), il ne se modifie pas sans efforts suivis, et, par conséquent, il ne se modifie pas vite. Il est donc toujours possible, quand on observe depuis un temps assez long l'état d'une société, de prédire par avance le retour d'un certain nombre de faits. C'est ainsi qu'on peut prévoir d'année en année le nombre des naissances, des décès, des mariages, des crimes et des délits dans un peuple donné. Ces nombres ne varient d'habitude que très légèrement. Le jour où ils présentent une variation considérable, il est possible d'en trouver la cause : on établit alors entre cette cause nouvelle et ses effets certains une relation qui s'ajoute aux relations déjà constatées. Sans doute, il y a dans tout cela une part à faire à des conséquences imprévues, dues surtout à la complexité des lois dont les actions se combinent, mais quelquefois aussi se combattent. Il n'en est pas autrement dans la prévision d'un grand nombre de phénomènes physiques, météorologiques et autres. La relation scientifique entre certaines lois et leurs effets n'en reste pas moins certaine. Un homme politique, un gouvernement sage, peuvent conjurer les effets sociaux de la misère et de la disette, comme un agriculteur instruit et vigilant peut conjurer, dans une bonne mesure, les effets de la sécheresse, de la gelée, de l'orage, etc. Mais les premiers ont besoin de savoir que le désordre, le crime, l'abaissement du nombre des naissances et des mariages sont les effets de la misère, livrée à elle-même, comme la perte d'une récolte est l'effet certain de telles ou telles intempéries contre lesquelles on n'a pris aucune mesure préservatrice.

Ici donc intervient la méthode d'*observation* et *d'induction*, comme dans les sciences physiques et naturelles.

L'existence de ces rapports et de ces lois est-elle incompatible avec la liberté morale de l'homme ? Nullement ; c'est même parce que nous connaissons ces rapports que nous sommes maîtres et *libres* d'agir avec efficacité. Le médecin sait que s'il ne trouve pas le moyen d'abaisser la fièvre, qui atteint chez vous tant de pulsations à la minute, vous allez mourir indubitablement. C'est pourquoi il s'ingénie à calmer votre fièvre, et souvent il y réussit ; et il n'y réussit, remarquez-le bien, que parce qu'il connaît, en outre, les effets nécessaires de tels ou tels médicaments. Si vous connaissez bien vos aptitudes, et si vous connaissez également bien les conditions nécessaires de votre profession, vous pourrez réussir ; vous ne le pourrez pas, si vous êtes ignorant de ce qui se peut et de ce qui ne se peut pas dans la carrière que vous embrassez. Ainsi en est-il dans les sciences morales, et particulièrement dans celles qui étudient les grands faits de la vie sociale.

Mais d'après quoi, dans quelle idée, dans quel but essayons-

nous d'agir sur les lois de la nature humaine et d'en obteni
certains effets de préférence à d'autres? Dans le but de satis-
faire nos besoins, sans doute, mais aussi les réclamations de
notre conscience et les exigences de notre raison.

Or, c'est ici qu'intervient la *morale* proprement dite. Et,
assurément la morale pose un certain nombre de principes que
l'expérience ne nous donne pas. Il faut être juste; il faut être
bon; il faut être reconnaissant; il faut ne pas faire à autrui
ce que nous ne voudrions pas qu'il nous fît; il faut rendre
service pour service; il faut respecter la liberté d'autrui tant
qu'il n'attente pas à la nôtre: voilà autant de principes *a priori*.
Nous les posons et nous en déduisons des conséquences, que
nous nous efforçons d'appliquer à la réalité et à ses lois, pour
en modifier les effets.

Rôle de l'induction et de la déduction dans les principales sciences morales.

Y a-t-il donc, dans les sciences morales, d'un côté, des sciences
purement expérimentales, et, d'un autre côté, des sciences
exclusivement déductives? Non : tout se trouve trop mêlé,
tout est lié par des rapports trop nombreux et trop intimes
pour que la séparation puisse être si nette et si tranchée. La
plupart des sciences morales ont besoin de l'une et de l'autre
méthode. C'est ce que nous allons brièvement expliquer.

Ces sciences emploient tour à tour l'une et l'autre méthode,
parce qu'elles opèrent à la fois sur des faits et sur des idées.
La première d'entre elles est la *psychologie* ou science de l'âme,
de ses facultés et des lois qui président à son union avec le
corps. Or, on a très souvent assimilé la méthode psychologique
à la méthode des sciences physiques et naturelles. Effective-
ment, le psychologue cherche et dégage les *lois* de la perception
extérieure, de la mémoire, de l'association des idées, de l'habitude, de la passion, etc., comme le physicien trouve les lois de
la lumière et de l'électricité. Le psychologue peut aussi classer
un certain nombre de faits ou d'opérations de l'esprit, comme
les inclinations, les jugements, les motifs de nos actions. Dans
l'emploi de cette méthode peut-il expérimenter? Au sens rigoureux du mot, la chose est difficile : une passion artificiellement
provoquée, voilà qui ne se comprend guère, car le propre de

4.

la passion est d'être spontanée. Toutefois il est une foule de procédés qui viennent suppléer à l'expérimentation proprement dite : vivre au milieu de la société; ne tarir en soi par la solitude aucune source d'affection légitime; interroger les autres hommes; comparer leurs actions et leurs paroles; se familiariser avec la littérature et les arts; chercher les lois de l'intelligence dans ses déviations, comme la folie...

Mais il est un point capital par lequel la méthode psychologique diffère de la méthode des sciences physiques. Ces dernières ne connaissent que les phénomènes et leurs lois, elles n'atteignent point les causes, qu'elles ne font que supposer par une sorte d'hypothèse. L'âme humaine, au contraire, se saisit directement elle-même dans son énergie, dans sa causalité; là est le fondement de toute certitude morale, et on peut même ajouter de toute véritable certitude.

C'est à la psychologie que les autres sciences morales viennent emprunter leurs principes. De la psychologie, en effet, sort, avec la théorie de la raison et des autres facultés de l'âme, d'abord la *logique*, puis la *morale*, puis la *théodicée*. A la morale se rattache la *législation*, laquelle, une fois constituée, donne naissance à la *jurisprudence* ou au *droit*. Ces sciences secondaires ne cherchent pas elles-mêmes des faits : ces faits, la psychologie les leur fournit, et elles en tirent des conséquences par déduction.

Parmi les sciences morales on comprend encore un certain nombre de sciences *mixtes*, telles que la *politique* et l'*économie politique*.

Qu'est-ce que la *politique?* C'est la science du gouvernement de l'État. Mais il faut distinguer deux espèces de politique. Il y a d'abord une politique générale ou théorique, qui dirige ses recherches sur la vraie nature de l'État, sur les droits et devoirs respectifs des divers groupes qui le composent, ou, suivant l'expression de Rousseau, sur le contrat qui unit entre eux, par des obligations expresses ou tacites, naturelles ou conventionnelles, les membres d'un même corps social, les citoyens d'un même pays. C'est encore cette politique théorique qui étudie, avec Montesquieu, l'*esprit des lois*. Une telle science touche de très près à la morale et même à la psychologie. Pour savoir comment doit se gouverner l'homme en société, ne faut-il pas savoir tout d'abord ce qu'est l'homme individuel, quelle est sa destinée, quels sont les services qu'il rend à la société en échange de ceux qu'il en reçoit, dans quelle mesure ses penchants ont besoin d'être retenus par le respect d'une autorité qui, s'imposant à tous, maintienne, en vue de l'intérêt de chacun, l'ordre public, etc. ? Ici donc s'appliquent tout naturellement les méthodes de la philosophie proprement dite, celles de la psychologie et celles de la morale.

Une autre espèce de politique est la politique pratique ou spéciale. Le but que doit poursuivre tout État, à savoir le développement pacifique et régulier des destinées de ceux qui le composent, ne peut être partout et toujours atteint de la même façon. Les différentes nations n'ont ni les mêmes ressources, ni les mêmes moyens d'existence, ni le même rôle à jouer dans les accords ou les conflits des peuples, ni, par conséquent, les mêmes traditions, ni finalement le même génie. Voilà de quoi on est obligé de tenir compte, pour savoir comment un pays doit s'organiser et se conduire. Ici donc, il faut sans doute appliquer le plus possible les principes de la politique générale ; mais on voit aisément à combien de sciences la politique doit demander des notions. La politique spéciale à un pays implique la connaissance du sol de ce pays, de ses richesses, de son histoire, de ses institutions. Or, chaque science qui lui apporte son concours vient à elle, pour ainsi dire, avec ses méthodes. Ce qu'il faut surtout retenir, c'est que cette politique ne peut être une science isolée, qu'elle ne peut se construire avec quelques principes abstraits et généraux. Appliquer les principes de la morale, mais les appliquer par des moyens que permettent les conditions d'existence propres à chaque pays, voilà en deux mots toute la politique. Aucune science n'est plus complexe, et plus difficile : elle exige le concours de toutes les méthodes.

L'économie politique y touche d'aussi près que possible. C'est, en effet, la science de la richesse des nations. Elle recherche suivant quelles lois ces richesses se produisent, se distribuent, circulent et se consomment.

Cette science touche à la morale : elle ne peut pas s'en séparer complètement, ne fût-ce que pour cette raison, que tout ce qui blesse la justice irrite, trouble et agite les hommes, déchaîne les convoitises, donne des prétextes à la violence et enlève avec la paix la sécurité indispensable au travail. Mais l'économie politique emprunte aussi beaucoup aux sciences physiques et naturelles, et enfin aux mathématiques mêmes. Une fois les lois principales découvertes et fixées par les méthodes inductives, on peut par déduction en tirer les conséquences et en faire sortir de nombreuses applications.

La recherche et la notation complète, exacte, précise, des faits qui servent à dégager les lois de l'économie politique et de la politique, forment l'objet d'une science spéciale, appelée la *statistique*. La statistique s'applique à ne rien laisser ignorer de ce qui concerne les faits sociaux, comme la population, les finances, l'agriculture, le commerce, l'industrie, les forces militaires des États. C'est à la statistique, à ses recensements et à ses tableaux qu'on s'adresse pour établir, avec des faits, l'influence qu'exercent sur la puissance et la prospérité des nations les lois, les traités, la guerre ou la paix, la nature des impôts, enfin les institutions de toutes sortes qui règlent la vie des États. Aussi les indications de l'économiste peuvent-elles avoir des bases aussi solides que celles du physicien.

Mais, en somme, on peut voir qu'il est peu de sciences où l'on ne soit pas obligé d'employer concurremment les deux méthodes. Ce n'est pas trop de tous les procédés de la logique pour atteindre à la vérité, dans quelque ordre d'idées que ce soit. On peut se convaincre aussi qu'il n'est, pour ainsi dire, aucune science qui soit capable de se passer du concours des autres. La nature et l'humanité procèdent d'un même auteur : la même simplicité se remarque dans les lois de l'une et de l'autre. Ce n'est pas seulement d'une science physique à une autre qu'il y a des analogies à découvrir, c'est de la science du monde physique à la science du monde moral, et réciproquement : la nécessité de la science comparée est une des plus brillantes et des plus solides idées de notre époque[1].

1. Ainsi le principe de la *division du travail*, étudié d'abord en économie politique, a éclairé d'une vive lumière la physiologie, qui, à son tour, en a mieux fait découvrir la nature et la portée.

V.

Rôle de l'histoire dans les sciences morales : la critique historique.

Rôle de l'histoire dans les sciences morales.

Il est un certain nombre de vérités dont nous sommes pleinement convaincus, et que cependant nous n'avons pu ni constater nous-mêmes par la méthode expérimentale, ni tirer par déductions ordinaires de vérités déjà connues : ce sont les faits déjà recueillis par d'autres que nous, et auxquels nous croyons parce que nous avons confiance dans les témoins qui nous les rapportent. Je suis convaincu que César a été tué par Brutus, et que Christophe Colomb a découvert l'Amérique ; mais ce n'est ni l'induction ni la déduction proprement dites qui me l'ont appris. Les juges condamnent tous les jours, sans scrupule, pour des crimes qu'ils n'ont pas vu commettre. Pas un savant ne peut faire de découvertes sans s'appuyer sur les découvertes de ses devanciers. Mais les a-t-il toutes vérifiées jusque dans leurs moindres détails ? C'est impossible. Les astronomes construisent des théories sur des observations qu'ils n'ont pas pu faire, et qu'ils ne peuvent pas répéter [1]. En un mot, pas plus dans la science qu'ailleurs, l'homme ne peut se passer du concours de ses semblables : suivant l'expression célèbre d'Hippocrate, l'art est trop long et la vie est trop courte. Mais les sciences morales sont peut-être celles qui se passent le plus difficilement du concours de l'histoire. D'abord, l'histoire proprement dite est l'une de ces sciences, puisqu'elle étudie le passé de l'humanité, qu'elle nous décrit ses épreuves, ses combats, ses divisions, ses efforts pour conquérir le globe terrestre et accommoder la nature à ses usages.

Mais l'histoire intervient aussi dans la constitution et le développement de beaucoup de sciences morales.

---

1. Le Muséum d'histoire naturelle a des voyageurs qui vont recueillir sur place des faits intéressants pour la science ; et, fréquemment, les observatoires de France et d'Angleterre envoient soit sur les côtes de l'Arabie et de l'Inde, soit en Océanie, des astronomes chargés d'étudier quelque éclipse visible seulement dans ces parages.

Il est des réalités dont l'existence même implique une succession dans le temps, tout aussi bien qu'une extension dans l'espace. Qu'est-ce, par exemple, qu'une nation? Un philosophe l'a justement définie : « un groupe coopératif héréditaire », c'est-à-dire un ensemble d'hommes et une suite de générations travaillant, vivant et mourant les uns pour les autres. Il n'est donc pas possible de connaître une nation, à plus forte raison de la gouverner, sans connaître son histoire.

Si maintenant l'on veut vérifier certaines lois qu'on a cru découvrir dans le jeu des institutions qu'on a étudiées, que devra-t-on aller chercher, sinon l'expérience des siècles passés? La comparaison sans doute est délicate : car, d'après les règles de l'induction, il faut aller du même au même ou tout au moins s'appuyer sur des analogies suffisantes; or, les circonstances au milieu desquelles les hommes agissent vont toujours en se modifiant. Mais, pour être difficile à pratiquer, l'art de discerner les analogies sous les différences et de dégager les grandes lois historiques de la multitude ou de la diversité des événements, n'en est que plus intéressant et plus précieux.

De la méthode en histoire. Critique historique.

L'histoire repose sur le témoignage. Il importe donc, avant tout, de s'assurer de la réalité des faits qui en constituent le fond et la base. Or, il est des règles qui permettent de s'assurer du degré de confiance mérité par ces témoignages. Elles sont communes aux recherches de la statistique, aux informations de la justice et aux investigations de l'historien.

Ces règles sont relatives à la *forme* du témoignage, aux *faits* témoignés et enfin aux *témoins* eux-mêmes.

1° Il faut que la déposition soit *claire* et *positive* : car quelle confiance peut-on accorder à un témoin quand l'obscurité de son langage prouve qu'il a mal vu les choses dont il parle, ou quand il paraît douter lui-même de ce qu'il avance?

2° Beaucoup de personnes sont portées à accepter, sans vérification, tout ce qu'elles jugent *vraisemblable.* C'est un procédé commode, mais qui montre une grande légèreté d'esprit. La vraisemblance, c'est pour chacun de nous ce qui s'accorde avec ce que nous savons ou croyons savoir : croire immédiatement sur la pure vraisemblance, c'est accepter ce qui est conforme à nos préjugés. Ajoutons que nous sommes encore disposés à trouver toujours vraisemblable ce qui est conforme à nos désirs. Rien de plus vraisemblable, à nos yeux, qu'un de nos ennemis ait commis une méchanceté ou une sottise : voilà pourquoi tant de calomnies sont accueillies avec une facilité si déplorable. La logique, autant que l'honnêteté, doit nous prémunir contre une pareille disposition. Ce n'est pas assez qu'un fait soit ou nous semble vraisemblable, il faut examiner s'il est vrai. D'autre part, si beaucoup de personnes sont portées à la crédulité, beaucoup d'autres (les mêmes quelquefois quand les circonstances ont changé) sont portées par avance à un scepticisme également trop commode : elles rejettent *a priori*, et sans autre forme de procès, tout ce qu'elles croient pouvoir déclarer invraisemblable, extraordinaire, inexplicable, impossible. Or, qu'est-ce que l'invraisemblable ? Nous n'avons qu'à retourner ce que nous disions plus haut : L'invraisemblable, c'est ce qui n'est pas conforme à ce que nous savons ou croyons savoir. Or, comme notre science, quelle qu'elle soit, est peu de chose auprès de notre ignorance, vouloir mesurer ce qui est et ce qui peut être à ce que nous savons de ce qui est, c'est une insoutenable prétention. De même, à quoi mesurons-nous l'extraordinaire? Est-ce que toute découverte ne peut être qualifiée tout d'abord d'*extraordinaire*? Est-ce que tout progrès dans la science ne consiste pas précisément à faire que quelque chose qui était extraordinaire ne le soit plus, ou à ce que quelque chose qui le paraissait ne le paraisse plus? Nier par avance l'inexplicable, c'est peut-être encore moins scientifique. Car, où est le fait scientifique qui n'ait pas été connu avant d'être expliqué? Et qu'est-ce donc pour nous qu'expliquer un fait, sinon le mettre à sa place dans un groupe de faits classés d'après leurs rapports mutuels, d'après leurs analogies et leurs différences? En d'autres termes, expliquer, c'est faire une théorie; mais on ne doit pas nier un fait au nom d'une théorie : on doit corriger, élargir, compléter, s'il y a lieu, la théorie, en tenant compte des faits nouveaux qui peuvent être révélés. Il faut en dire autant de ce que l'on appelle vulgairement *ses idées*, espèces de théories vagues que l'on construit sur les hommes et sur les choses, et qui méritent le plus souvent d'être appelées des *préjugés*.

Disons seulement que lorsqu'un fait paraît en contradiction

avec ce que l'on sait de positif sur la nature, il y a là de quoi présumer que le témoin s'est trompé, qu'il n'a pas rapporté le fait exactement, etc. Il faut donc alors être très circonspect et très sévère dans l'examen des titres des témoins.

3º Cet examen doit porter sur deux points principaux : *Les témoins peuvent-ils s'être trompés? Peuvent-ils nous tromper?* — Ont-ils vu la vérité? Nous la disent-ils? Pour répondre à la première question, nous devons demander s'ils ont été témoins oculaires. S'ils n'avaient pu qu'entendre raconter le fait, ils ne seraient pas témoins du fait, mais témoins d'un témoignage, pour ainsi dire, et alors il faudrait instituer l'examen et la critique en double. S'ils ont été témoins oculaires, ont-ils été à même de bien voir, et, enfin, étaient-ils *compétents?* Beaucoup de faits peuvent être constatés par le premier venu; mais un grand nombre d'autres ne peuvent être dégagés et observés que difficilement : ils exigent, pour être saisis distinctement, des aptitudes et des connaissances spéciales, ainsi qu'une longue habitude. Pour les premiers cas, les tribunaux citent comme témoins tous ceux qui ont pu voir ou entendre le fait incriminé. Pour les seconds, ils nomment ce qu'on appelle *des experts.*

Mais les témoins, à supposer qu'ils connaissent la vérité, nous la disent-ils? Pour en être sûr, il faut être sûr de leur probité; mais comme on connaît rarement assez à fond la solidité de la vertu d'un homme, il est nécessaire de se demander si rien ne peut, dans cette circonstance, tenter sa vertu et le pousser à déguiser la vérité. En un mot, il faut savoir s'il est désintéressé dans la question. Dans les affaires judiciaires, la parenté, l'affection, la dépendance, l'intérêt ou la passion, la complicité ou la solidarité possible ou vraisemblable sont autant de motifs qui peuvent faire récuser un témoin. Mais, en dehors même de l'honnêteté proprement dite, il est des esprits dont il faut se défier, parce que, sans y mettre précisément de la mauvaise foi, ils sont crédules, fanfarons, disposés à l'exagération, ou, au contraire, faciles à intimider, etc.

En présence de ces difficultés, le nombre des témoins est le plus souvent une garantie précieuse, parce que, si tous s'accordent, on peut considérer leur déposition comme l'expression de la vérité, les causes d'erreur et de mensonge étant nécessairement diverses et s'annulant les unes les autres. Toutefois, c'est une maxime reçue et très juste, qu'*il vaut mieux peser les témoignages que les compter*.

Quand un témoin est sorti victorieux de cet examen critique, il a une réelle autorité ; mais cette autorité du témoignage des hommes, rappelons-le-nous, porte exclusivement sur les faits. Dès qu'il y a interprétation, explication des faits, théorie, l'autorité n'est plus la même. On dit bien encore, et avec raison, que tel ou tel savant a de l'autorité, en ce sens que ses paroles ne doivent pas être prises à la légère, et que sa science reconnue donne à tout ce qu'il avance une présomption considérable de vérité. Mais ici le moyen de devenir certain qu'il dit la vérité est autre : il faut suivre ses expériences et ses démonstrations, les recommencer, s'il y a lieu, constater, enfin, à la lumière de ses travaux, ce qu'il a constaté lui-même avant nous. Cependant, lorsque des théories ont subi depuis quelque temps déjà l'épreuve de la discussion, et qu'elles sont professées sans hésitation par l'universalité des savants, on peut, à la rigueur, les accepter sans examen : on les considère alors comme n'étant qu'une réunion ou un assemblage de faits dûment constatés, d'où la critique a éliminé toute conjecture, et l'on estime que chaque jour la vérité de la théorie est attestée par les conséquences nouvelles qu'en tirent les savants.

La critique historique.

L'histoire n'est que l'ensemble des témoignages recueillis sur les actes et événements relatifs soit à l'humanité tout entière, soit à tel ou tel peuple particulier. Les principaux témoignages auxquels va puiser l'histoire sont les suivants.

1° La *tradition* ou la suite des récits qui se transmettent de bouche en bouche. C'est la source la moins pure : car ces récits s'entremêlent de fables et de légendes à mesure qu'ils se perpétuent, et au bout d'un certain temps il est difficile de remonter au fait primitif. On peut le faire cependant, si on réussit à fixer les époques de ces interpolations successives. La tradition peut avoir une réelle valeur, quand elle se rapporte à de grands événements qui ont laissé dans la mémoire des peuples des traces ineffaçables, et quand on y retrouve un même fond qui persiste à des époques différentes.

2° Les *monuments*, c'est-à-dire non seulement les édifices publics ou privés, sacrés ou profanes, mais toute œuvre qui sert à rappeler un événement (*monimentum*) : les inscriptions, de quelque nature qu'elles soient, les tombeaux, les médailles, les colonnes triomphales. L'histoire doit s'assurer d'abord, par toutes sortes de comparaisons, si ces monuments sont authentiques, c'est-à-dire s'ils sont du temps et du pays auxquels on les attribue, s'ils n'ont pas été construits après coup, s'ils ne sont pas l'œuvre de la flatterie et du mensonge. A ces conditions, les monuments peuvent donner les plus utiles renseignements, non seulement sur les faits, mais sur les institutions, les mœurs, les coutumes et le génie des peuples.

3° Les *actes politiques*, c'est-à-dire les écrits consignant les faits politiques au fur et à mesure qu'ils s'accomplissent. Ce sont les lois, les décrets, les traités, les correspondances officielles, diplomatiques ou autres ; pour l'histoire du moyen âge, les chartes ; dans les temps modernes, et surtout de nos jours, les discussions des Chambres, etc. Ici encore il faut s'assurer de l'authenticité et de la sincérité des documents, les contrôler les uns par les autres.

4° Enfin, les *histoires* proprement dites (mémoires, biographies, autobiographies, histoires). Les historiens ont-ils été témoins ou ont-ils consulté les vrais témoins? Dans l'un ou l'autre de ces deux cas, on doit appliquer ici toutes les règles que nous avons données pour la critique des témoignages.

VI.

Les Classifications.

C'est par une classification des sciences que nous avons commencé ces éléments de philosophie scientifique : c'est par des considérations sur les classifications en général que nous allons les terminer.

En effet, quoique l'on considère souvent la classification comme un procédé exclusivement propre aux sciences naturelles, en réalité, il n'est point de science qui ne soit obligée d'y avoir recours.

En mathématiques, par exemple, il y a une classification des figures géométriques.

En psychologie, on classe les facultés ou opérations de l'âme humaine.

En histoire, en politique, en économie politique, on classe les formes de gouvernement, les différentes espèces de travail, de commerce ou d'industrie.

En jurisprudence ou en droit, on classe les crimes et les délits, et ainsi de suite.

Il est toutefois incontestable que la classification opère principalement sur des êtres concrets, que l'on range d'après leurs caractères communs et d'après leurs caractères particuliers et distinctifs.

Qu'est-ce en effet que *classer?* C'est *ranger dans des groupes communs les êtres qui se ressemblent entre eux autant qu'ils diffèrent des autres.*

La classification, de quelque nature qu'elle soit, suppose donc une connaissance déjà claire et suffisamment avancée, sinon complète, des êtres qu'elle groupe et qu'elle range. Sans doute, on peut avoir à classer des êtres de raison, de purs concepts, comme les figures de géométrie : alors les caractères dont on tient compte sont ceux que les définitions ont, en quelque sorte, enfermés dans les constructions mathématiques. Quand la classification s'applique aux êtres de la nature, elle doit avoir été précédée de l'observation.

L'expérimentation, elle aussi, a dû souvent venir à l'aide de la classification. Parmi les caractères intimes des êtres à classer, il en est qui ne se révèlent pas au premier regard : il en est qui se dissimulent. Bon nombre d'expériences faites, par exemple, sur les croisements de certaines variétés entre elles, ont pu donner des indications très précieuses sur le voisinage mutuel ou sur l'éloignement de certains groupes donnés.

On distingue généralement deux espèces de classifications : les *classifications artificielles* et les *classifications naturelles.*

Classifications artificielles.

Les classifications sont dites *artificielles* quand elles reposent sur un nombre limité de caractères auxquels est attribuée

une valeur arbitraire. Ces classifications, quoiqu'elles n'aient
pas par elles-mêmes une grande valeur scientifique, rendent
néanmoins des services. 1° Elles sont nécessaires dans la pratique de certains arts : ainsi le pharmacien classera les plantes
d'après leurs propriétés médicinales; l'agriculture classera les
animaux en animaux utiles et en animaux nuisibles aux ré-
coltes, en animaux domestiques et en animaux sauvages, etc.
2° Il est des époques où la science n'est pas assez avancée
pour qu'on puisse se flatter de connaître tous les caractères
des êtres étudiés, et cependant il peut se faire que les connaissances acquises sur ces êtres soient tellement nombreuses,
et, pour ainsi dire, encombrantes, qu'elles aient absolument
besoin d'être classées.

On fera bien, dans de semblables circonstances, de choisir
tel ou tel des caractères les mieux connus, et on rapprochera
ou on éloignera les individus suivant qu'ils posséderont ou
non ces caractères, et qu'ils les posséderont avec plus ou
moins de variations. C'est ce que fit Tournefort en détermi-
nant les groupes de sa classification des végétaux d'après la
présence ou l'absence de la corolle; telle était encore, quoique
plus savante, la classification de Linné, fondée sur la présence ou l'absence, le mode d'union et de suture, le nombre
et les dimensions relatives des étamines et des pistils. L'avan-
tage de ces travaux est d'ordonner les connaissances acquises
et de déblayer le terrain scientifique pour des découvertes
plus complètes; en résumé, elles acheminent aux classifications
naturelles, et on peut observer qu'on fait elles les ont toujours
précédées.

Classifications naturelles.

A parler régulièrement, la classification vraiment naturelle serait celle qui reproduirait exactement et complètement
le système de la nature. Mais il est superflu de dire que ce
dernier système, qui est le seul vrai, n'est pas encore près
d'être connu. En attendant, on appelle *naturelle* toute classification qui essaye de s'en approcher, et qui, dans cette vue,
s'appuie sur le plus grand nombre possible de caractères, à
chacun desquels elle s'efforce d'attribuer sa valeur réelle. Cette
définition étant donnée, il serait puéril de vouloir développer
l'utilité de la classification naturelle : c'est elle qui résume et

qui ordonne toutes les connaissances que nous avons sur les êtres de la nature ; c'est elle qui nous fait voir, fragments par fragments, le plan de la création.

De cette définition nous pouvons aussi tirer les règles principales de la classification naturelle. Il *faut moins compter les caractères que les peser.* (Ce principe a été posé pour la première fois par A. L. de Jussieu.) pour cela, il faut *subordonner* les caractères les uns aux autres, en vertu : 1° de leur constance et de leur généralité ; 2° de leur importance physiologique ; 3° du rôle qu'ils jouent dans le genre de vie propre à l'animal. Plus les groupes sont larges, c'est-à-dire plus est grand le nombre des êtres que ces groupes doivent renfermer, plus il est nécessaire que les caractères choisis appartiennent aux fonctions essentielles à la vie de tout animal. Ainsi, quoique la baleine vive dans l'eau, le naturaliste ne voit pas en elle un poisson. Des caractères plus importants, tenant aux fonctions de reproduction et de respiration, la font ranger parmi les mammifères. Mais quand on descend aux subdivisions, alors les caractères secondaires doivent naturellement entrer en ligne de compte. La forme du bec servira, par exemple, à établir beaucoup de subdivisions dans les oiseaux.

La nature se divise en trois grands *règnes* : le règne minéral, le règne végétal et le règne animal ; le second se distingue du premier par la vie ; le troisième a, en plus, la sensibilité et le mouvement spontané. Mais chaque règne se décompose en un certain nombre de groupes. Voici ceux que l'on retrouve dans presque toutes les classifications, particulièrement dans celles du règne animal :

1° Les *embranchements* : le règne animal en compte quatre (les vertébrés, les annelés, les mollusques, les rayonnés ou zoophytes), caractérisés par autant de plans différents de structure : les vertébrés sont caractérisés par une colonne vertébrale, laquelle est surmontée d'une tête et entraîne avec elle un squelette, c'est-à-dire un système d'os rattachés les uns aux autres ; les articulés sont caractérisés par la division de leur corps en un certain nombre de parties distinctes qui s'articulent les unes aux autres (tête, thorax, abdomen, pattes) ; les mollusques ont le corps mou et tout en masse, sans aucun squelette, etc. ; 2° les embranchements renferment des *classes* caractérisées par la diversité des voies suivies, des moyens employés par la nature pour la réalisation du plan : l'embranchement des vertébrés réunit les classes des mammifères, des oiseaux, des reptiles, des poissons et des batraciens ; 3° les classes sont formées des *ordres*, que caractérise la simplicité ou le plus ou moins de complication de la structure ; 4° dans les ordres sont réunies les *familles*, caractérisées par la différence des formes et certaines particularités de structure ; 5° dans les familles sont réunis les *genres*, caractérisés par les détails particuliers de la structure des parties ; 6° enfin, dans les genres sont réunies les *espèces*, caractérisées par les rapports et les proportions des parties, les rapports des individus soit entre eux, soit avec le monde ambiant. L'espèce est le groupe fondamental de la classification naturelle. Toutefois on la subdivise encore en un certain nombre de races ou de variétés.

Sans doute, les naturalistes ne s'entendent pas toujours sur les déterminations des divers groupes. Toutefois, on pense généralement que l'espèce se reconnaît à ce signe certain : la fécondité illimitée, c'est-à-dire que les individus d'une même espèce peuvent se reproduire indéfiniment les uns les autres. Cette aptitude à se reproduire par des croisements mutuels est considérée à juste titre comme le signe d'une ressemblance physiologique indéniable.

De la récente théorie de l'évolution.

Peut-être se demandera-t-on si les récentes théories évolutionnistes ou transformistes n'ébranlent pas profondément la valeur de nos classifications. On peut répondre hardiment que non. 1° S'il y a une évolution, elle est lente : la nature, telle qu'elle est devant nous, nous offre donc des cadres assez stables pour une classification qui ne prétend, d'ailleurs, nous l'avons vu, qu'à une approximation graduelle, et non à la vérité absolue ; 2° la nature, dans son évolution même, « *tend toujours à spécifier* », selon l'expression d'un grand savant : donc toujours elle forme des groupes déterminés, que nous devons avoir à cœur de retrouver et de comprendre.

Nous terminerons donc sur cette dernière hypothèse de l'évolution, qui a tant contribué depuis vingt-cinq ans à renouveler les sciences de la nature.

Tout se renouvelle, dit-on, dans le monde de la vie ; les formes n'ont pas été créées une fois pour toutes ; elles dérivent les unes des autres et se succèdent en vertu des lois qui rattachent le présent au passé et l'avenir au présent : cette grande théorie n'a pas encore achevé de faire ses prouves, et elle implique, chez les différentes écoles scientifiques qui la soutiennent, quelques hypothèses accessoires, mais importantes, dont la valeur n'est point encore définitivement jugée.

L'homme paraît-il soumis à cette loi de l'évolution ? Il en subit l'influence, peut-on dire, comme il subit l'action de toutes les lois naturelles. Mais on peut dire aussi de celle-là qu'il peut s'en rendre maître et en modifier les effets. Les êtres inintelligents ou irréfléchis qui vivent autour de lui sont obligés de plier leur organisation aux exigences de leur milieu. Si le milieu change, et que quelques représentants de l'espèce actuelle aient seuls en eux les moyens de s'accommoder à ces variations, ils survivent seuls, et ils inaugurent une variété qui deviendra peut-être, avec le temps, une espèce distincte. Voilà la théorie, en tant qu'elle s'applique aux plantes et aux animaux proprement dits. Mais l'homme, sans briser l'unité de la nature et sans violer, à proprement parler, aucune loi, peut accommoder son milieu à ses besoins et à ses désirs, au lieu de plier son organisation et ses facultés aux exigences de son milieu. Si dans le mouvement des sociétés, des intérêts nouveaux se manifestent qui menacent d'être en conflit avec des formes anciennes, l'idée de la justice intervient. Elle s'applique à protéger tout droit établi et à faire place néanmoins aux droits nouveaux. C'est ainsi que l'évolution de l'humanité, au lieu d'être passive, aveugle et fatale, comme celle de la nature et de la vie, devient active, intelligente et libre, puisqu'elle est non seulement guidée par la science positive, mais éclairée par les idées de la raison et de la conscience, par le besoin de l'idéale perfection et le sentiment de l'éternelle justice.

FIN.

Auteurs latins.

César. Commentaires sur la Guerre des Gaules, traduction française, sans le texte, par *A. Dubois*, professeur du lycée de Lyon; 1 vol. in-18, br. 1 f. 75 c.

Cicéron. Choix de Discours (contre Catilina; contre Verrès sur les Statues et les Supplices), traduction française, sans le texte, par *W. Rinn* et *B. Villefore*; 1 vol. in-18, br. 1 f. 75 c.

Cicéron. Choix de traités de Rhétorique (l'Orateur; Brutus, Topiques, etc.), traduction française, sans le texte, par *A. Pannelier* et *H. Colin*; 1 vol. in-18, br. 1 f. 50 c.

Cicéron. Choix de traités philosophiques (de l'Amitié, de la Vieillesse, le sixième livre de la République, Songe de Scipion), traduction française, sans le texte, par *A. Dubois*; 1 vol. in-18, br. 1 f.

Discours choisis de Tite-Live, Salluste, Tacite, Quinte-Curce, etc., traduction française, sans le texte, par *O. Millot* et *E. Prieur*; 1 fort vol. in-18, br. 3 f.

Horace. Œuvres, traduction française, sans le texte, par *P. Barbet* et *G. Goubaux*; 1 vol. in-18, br. 2 f.

Plaute. Aululaire, comédie, traduction française, sans le texte, par *M. A. Noël*, professeur du lycée de Versailles; in-12, br. 60 c.

Salluste. Conjuration de Catilina et Guerre de Jugurtha, traduction française, sans le texte, par *M. E. Talbot*, docteur ès lettres, professeur du lycée Condorcet; 1 vol. in-18, br. 1 f. 50 c.

Sénèque. Lettres choisies, traduction française de *Lagrange*, sans le texte, avec analyse et appréciations par *F. Cadel*, professeur du lycée de Reims; 1 vol. in-12, br. 1 f. 75 c.

Tacite. Les Annales, traduction française, sans le texte, par *Dureau de de Lamalle*; nouvelle édition, revue par *A. Lebobe*; 1 fort vol. in-18, br. 2 f. 50 c.

Tacite. Les Histoires, traduction française, sans le texte, par *Dureau de Lamalle*; nouvelle édition, revue par *A. Lebobe*; 1 vol. in-18; br. 2 f. 25 c.

Tite-Live. Histoires et Narrations choisies, traduction française, sans le texte, par *A. Pannelier*; 1 vol. in-18, br. 2 f.

Virgile. Œuvres, traduction française sans le texte, par *Héguin de Guerle*, ancien professeur du lycée Louis-le-Grand, ancien inspecteur de l'Université; 1 fort vol. in-18, br. 3 f.

Auteurs grecs.

Aristophane. Extraits ou Morceaux choisis de ses principales comédies, traduction française, sans le texte, par *J. Helleu*, professeur du lycée Condorcet; 1 vol. in-12, br. 1 f. 50 c.

Démosthène. Choix de Discours (les Philippiques; le Discours pour la Couronne, les Olynthiennes), traduction française, sans le texte, par *M. E. Pessonneaux*, professeur honoraire du lycée Henri IV; 1 vol. in-18, br. 1 f. 75 c.

Euripide. Alceste, tragédie, traduction française, sans le texte, par *M. E. Pessonneaux*; in-12, br. 60 c.

Euripide. Iphigénie à Aulis, tragédie, traduction française, sans le texte, par *M. H. Pottier*; in-12, br. 80 c.

Hérodote. Extraits ou Morceaux choisis, traduction française de *Larcher*, revue et corrigée, avec introduction historique par *M. E. Pessonneaux*; in-12, br. 1 f. 50 c.

Homère. Odyssée, 24 chants, traduction française sans le texte par *N. Dugas-Montbel*, de l'Institut; 1 vol. in-18, br. 2 f.

Homère. Iliade, 24 chants, traduction française sans le texte par *N. Dugas-Montbel*, de l'Institut; 1 vol. in-18, br. 2 f.

Sophocle. Théâtre, traduction française, sans le texte, par *M. E. Talbot*, docteur ès lettres, professeur du lycée Condorcet; 1 vol. in-18, br. 2 f. 50 c.

Xénophon. Anabase ou Retraite des Dix mille, traduction française, sans le texte, par *H. Larcher*; 1 vol. in-18, br. 1 f. 50 c.